平凡社新書
835

対米従属の謎

どうしたら自立できるか

松竹伸幸
MATSUTAKE NOBUYUKI

HEIBONSHA

対米従属の謎●目次

地図作成 丸山図芸社

まえがき

本書を手にとった方は、このタイトルをどのように受けとめるでしょうか。「対米従属」という言葉は、日米関係を否定的に見る立場をあらわしているので、左翼によるお決まりの日米両国政府批判だろうというのが、おおかたの受けとめ方かもしれません。

そこはとりあえず否定しないでおきます。しかし、私としては、それに続く「謎」という言葉に注目してもらいたいのです。本書は、「対米従属」という言葉を生み出したほどの日米関係を、批判的に捉える見地で書かれてはいます。とはいえ、本書の目的は、それを批判すること自体にはありません。そうではなく、なぜ対米従属と言われるような日米関係の実態が生まれたのか、まさにその「謎」――硬い言葉でいえば原因と背景――を掘り下げることが目的なのです。

トランプ大統領の出現は、この課題の大切さを提起していると思います。

トランプ大統領出現の衝撃

　ドナルド・トランプ氏がアメリカの大統領になるなどと誰もまだ想定していなかった二〇一六年半ばのことです。米軍駐留経費は日本が一〇〇％負担すべきだ、そうしないなら米軍を撤退させるとのトランプ発言を受けて、ある日本の新聞が「日米同盟が消える日」と題する大きな特集記事を掲載し、こう書きました。

　しばしば取り上げられるのが「思いやり予算」と称される接受国支援（ホスト・ネーション・サポート）だ。日米地位協定上は支払い義務のない負担で、……（平成）二八年度は一九二〇億円となっている。

　日本の負担が、米軍が駐留する国の中で突出して高いことは、米国防総省が二〇〇四年に公表した報告書が示している。……日本側の負担割合は七四・五％でサウジアラビア（六四・八％）や韓国（四〇％）、ドイツ（三二・六％）などを大きく上回っていた。

　トランプ氏は「なぜ一〇〇％ではないのか」と全額負担を求めるが、それは米軍将兵の人件費や作戦費まで日本が負担することを意味する。

「米将兵の人件費まで日本が持てば、米軍は日本の『傭兵《ようへい》』になってしまう」……。

……

「同盟解体」は今の時点では現実味は乏しい。だが、暴言と聞き流すだけでは、いつの日か現実のものとなりかねない（二〇一六年五月二五日付）

どの新聞だか分かりますか？　激しい言い方なので左翼っぽいと思われるかもしれませんが、実は「産経新聞」です。引用の最後で日米同盟堅持を望む姿勢が示されているので、予想通りという方もいるでしょう。

いずれにせよ、トランプ大統領の出現は、日本の左派、中間層にとってだけではなく、右派、保守層にも衝撃を与えたようです。日本は世界のなかでもアメリカの求め通りにやってきた国で、「これ以上は無理だ」というところまで来ているのに、それでは足りないというわけですから、日本政府の混迷もしばらく続くと思われます。

「守ってやるのだからカネを払え」は歴代共通

しかし、冷静に考えてみてください。安全保障分野についてトランプ氏が言っていることとは、これまでのアメリカ大統領の言明と、そんなに違いがあるでしょうか。

そもそも「思いやり予算」が開始されたのも、一九七〇年代後半から吹き荒れた「安保ただ乗り論」の嵐のなかでした。日米地位協定（第二四条）では、基地を提供することにかかわる費用（土地代など）は日本が負担し、基地を維持することにかかわる費用（施設建設費、水道光熱費、人件費など）は「日本国に負担をかけないで」アメリカが負担することが明記されているのです。ところが、日本を守ってやっているのにおカネを払っていないというアメリカの圧力が強まった結果、不平等性がたびたび指摘される地位協定の規定さえ破って五年ごとに補足協定を締結することとなり、基地維持費用まで日本側が負担する「思いやり予算」の仕組みが生まれたのです。

つまり、「守ってやるのだからカネを払え」という点において、歴代アメリカ政府とトランプ氏の論理は、まったく同じなのです。異なるように見えるのは、産経新聞が言うように、現在では日本側の負担がすでに限界に来ているという現実があり、トランプ発言があまりにも極端に見えるからでしょう。米軍撤退にまで言及していることも違いではあるでしょうが、その言葉をさらにカネを払えという圧力の手段だと捉えるなら、これまでのアメリカのやり方をさらに露骨にしたものになるだけです。

安倍首相ではトランプと四つに組めない

とはいえ、日本側の負担は限界です。おカネの面だけではありません。防衛負担という点でも、何十年も続いた憲法解釈を強引に変えてまで、自衛隊が米軍を支援する新安保法制をつくったばかりです。これ以上の負担が求められた場合、日本はどう対応するのかが問われます。

安倍首相は大統領選挙の結果が出た日（二〇一六年一一月九日）、「日米同盟は普遍的価値で結ばれた揺るぎない同盟」だとして、トランプ氏とも「普遍的価値」が共有できるかのように述べました。安倍首相だけではありません。選挙結果を受けて日本に充満しているのは、トランプ氏への不安を抱えつつも、日米同盟だけは堅持しなければならないという、ある種の信仰とでもいえるような論調です。率直に言って、そのような姿勢では、予想されるトランプ氏の攻勢に対して四つに組むことはできないでしょう。

「産経新聞」も、選挙の結果が出るとさっそく翌日、『「基地撤退なら街が廃れる」トランプ氏勝利、米軍横田基地のある東京・福生に不安と戸惑い』という見出しで、日本国民が米軍基地を求めているかのような記事を掲載しました（一一月一〇日、東京地方面）。こうして、基地が撤退するくらいならトランプ氏の求めに応じていくという姿勢をとることは、日本の限界を超える圧力を受けるという問題となり、国民との間で解決できない矛盾を抱え込むことになっていくはずです。

「日本核武装」発言はどこが問題なのか

日本はなぜ日米同盟信仰と言っておかしくないほどの対米従属状態に陥っているのか、本当にそれでいいのか。トランプ大統領の出現は、そこを考えさせてくれるきっかけになるかもしれません。

選挙戦の最中、トランプ氏が日本の核武装を容認する発言をしたとして、大きな話題になりました。たとえば、「ニューヨーク・タイムズ」電子版（二〇一六年三月二六日）で配信されたインタビューでは、「日本が核兵器を持っても我々にとってそう悪いことではないということか」との司会者の問いに対して、「本当にそうだと思う。とくに北朝鮮の脅威があるからね」と答えています。

この発言は、日本核武装というところに話題性があり、そこが焦点となってしまったわけですが、大事なのはこの発言の別の側面です。この話の核心は、日本の核武装を容認することが、アメリカが「核の傘を提供しない」ことを意味するところにあるのです。

これまでアメリカが「日本を守ってやる」と言う場合、守る手段の中心は核抑止力でした。しかし、アメリカ国民の中にも、「それでいいのか」という気持ちが生まれており、トランプ発言はその裏返しだと思われます。

「核の傘」を提供するとは、たとえば日中間の紛争があったとして、その際にアメリカは中国に対して核兵器を使用するということです。その結果、中国はアメリカ本土に向けて核兵器を発射することになり、それまでは安全だったアメリカが多大な被害を被ることが予想されるのです。日本のために、とりわけ尖閣の場合なら、日本人が住んでもいない島のために、アメリカ国民が命を差し出すことになるのです。

ソ連が相手だった時は、ある同盟国を守れないと世界中がソ連の影響下に入るという不安があり、アメリカ国民も「核の傘」の提供を当然だと考えていたのでしょう。しかし現在、日中間の戦争にそこまで関与するのがアメリカの国益に適うのか、という疑念が生まれているわけです。「我々が攻撃されても日本は何もする必要がないのに、日本が攻撃されればアメリカは全力で防衛しないといけない」（前出「ニューヨーク・タイムズ」）ということは、これまでもさんざん言われてきたことですが、そういう気持ちがアメリカを覆い尽くし、アメリカ国民は自国の世界戦略を疑いはじめているのです。

トランプ発言は、そういう国民の本音に根ざしたものですから、たとえ撤回しても、本音としては残りつづけるのです。アメリカの核戦略はこのままでいいのか、核抑止に頼る日本の防衛政策は正しいのか、アメリカでも日本でもこれから本音の議論が開始されるのではないでしょうか。

一方、「核の傘」を提供してもらっているということで、日本はアメリカの度重なる法外な要求に屈してきました。日本が対米従属に陥っている原因はいろいろあり、本書はその「謎」を解明することを目的としていますが、「謎」の根底にあるのは核抑止力への依存がそのまま対米従属の構造を生み出しているということです。このトランプ発言をどう捉え、どう対応するかは、対米従属が今のまま続くのか、変わっていくのかを占う問題になるでしょう。

尋常ではない日米関係の不平等性

対米従属という言葉は、この日本では日米関係の現状を全体として肯定的に捉える人が多いため、あまり評判がよくないかもしれません。世界の中で特別に強大な力を持つのがアメリカですから、その影響をまったく受けることなしに日本が何でも決められるなどということは、現実にあり得ないことです。ですから、日米関係の多少の不平等性は容認するというのが、多くの人の実際の感覚だろうと思われます。私にしても、そういう感覚は、かなりの程度までは理解できます。

しかし、それにしても、日米関係の不平等性は尋常ではありません。詳しくは第一章で述べますが、よく知られているのは、日本が戦後一度も、アメリカが行う戦争に反対したことがないという現実です。

だいぶ前のことになりますが、橋本龍太郎首相（当時）が国会で、「第二次世界大戦後、我が国が国連に加盟いたしまして以来、我が国が、米国による武力行使に対し、国際法上違法な武力行使であるとして反対の意を表明したことはございません」（一九九七年一〇月七日）と答弁し、話題になりました。これは九〇年代までの話です。さすがに冷戦時代のことですから、アメリカの同盟国にとって、アメリカの戦争を支持しないという選択が難しかったことは理解できないではありません（後述するように不可能ではありませんでした）。

しかし、冷戦終了後、大きな変化が訪れました。NATO（北大西洋条約機構）諸国は、二〇〇一年の9・11同時多発テロ事件後、つい最近まで、対テロ戦争が戦われているアフガニスタンに部隊を送ってアメリカを応援していましたが、これは少なくとも建前上は、軍事行動を容認する国連安保理決議を受けた対応でした。一方、二〇〇三年のイラク戦争にあたって、国連安保理が一致した対応をとることができなくなると、フランスやドイツ、カナダなどがアメリカに反旗を翻したことは記憶に新しいでしょう。

ところが日本は、同じ同盟国でありながら、これらの戦争に際して、アメリカに反対するなどということは、これっぽっちも考えなかったようです。それどころか、国連安保理の決議にもとづくかどうかは考慮もされないまま、アメリカの戦争に支持を表明するという従来型の対応にとどまらず、結局、アメリカの要請に応じて陸海空の三自衛隊とも戦地に派遣するという選択をしました。こんな同盟国は日本だけです。

いや、イギリスは日本と同じだろうと言う人もいるでしょう。イギリスは、イラク戦争ではアメリカと肩を並べて武力を行使しましたから、日本よりももっと同盟国らしいじゃないかというわけです。けれども、そのイギリスだって、たとえばアメリカがグレナダに軍事介入をした時（一九八三年）、サッチャー首相がレーガン大統領をきびしく批判したのです。冷戦時代にだって、こんな対応がとれたのです。一年ほど前（二〇一四年一一月）になって明らかになったことですが、当時、その批判を受けて、レーガン大統領がサッチャー首相に対し、事前にグレナダ軍事侵攻を相談しなかったことを「深く反省している」と述べていたとのことです。

これらの事実が示すことは、戦後、アメリカの戦争を常に支持してきたのは、世界の中でこの日本だけだということです。日本はきわめて特異な国なのです。

「謎」に正面から挑む本が出ている

こういう事実を紹介すると、今の日本の風潮のなかでは、「日本はすごい国だ。ぜんぜんぶれないんだ」と、かえって「誇り」を感じる人が多いのかもしれません。しかし、とりあえずそこを批判するのは、この本の目的ではないと言っておきます。本書がめざすのは、そういう日本の「ぶれない」特異性は、なぜどうして生まれたのか、そこに興味と関心を持ってもらうことなのです。

ここ数年、同じような問題意識を持った本がいくつか刊行され、評判になってきました。孫崎享氏の『戦後史の正体』(創元社、二〇一二年)に始まり、白井聡氏『永続敗戦論』(太田出版、二〇一三年)、矢部宏治氏『日本はなぜ「基地」と「原発」を止められないのか』(集英社インターナショナル、二〇一四年)などです。

いずれの本でも、執筆の動機の一つとなったのが、普天間基地問題をめぐる鳩山由紀夫首相(当時)の挫折にあったとされていることには、率直に頷けます。日本人の多くは、日米関係の多少の不平等性は容認しつつも、あまた存在する米軍基地のうちの一つ程度は、しかも「世界一危険だ」といわれる基地を沖縄の外に移設する程度のことは、何とかなるのではないかと期待していたと思うのです。ところが、それが実現しないどころか、鳩山氏は総理の座を追われることになるわけですから、「謎」として最大級のものになったのでしょう。

今あげた三冊の本は、そこに正面から挑んだものであって、刺激に満ちたものです。しかし同時に、私としては、その高い到達に甘んじず、問題をより深めなければならないと考えました。

なぜ七〇年経っても従属が深まるのか

『戦後史の正体』は、アメリカが日本の政治家や官僚に圧力をかけ、自国の国益のために日本政治を左右してきたことを、元外務省幹部の筆者らしいリアルさで教えてくれました。戦後の首相を対米追随派と自主派に分類することの是非はともかく、アメリカの言いなりにならない首相を排除するため、「システム」と言えるほどの仕組みが存在するという指摘は、対米従属の根深さ、深刻さを理解させてくれました。

『日本はなぜ「基地」と「原発」を止められないのか』は、その後継書(『日本はなぜ「戦争ができる国」になったのか』集英社インターナショナル、二〇一六年)も含め、在日米軍の異常な特権の数々をその取材力で具体的に描き出すことによって、大きな反響を呼んだと思います。また、それを安保法体系の憲法法体系に対する侵食と捉え、在日米軍の特権を保障するために、各種の密約が存在し、日米合同委員会という仕組みが存在することを強調したことも、そういう問題にふれた経験のない読者には新鮮な衝撃を与えたわけです。

一方、両書とも、そういう仕組みが占領期とその直後の旧日米安保条約の時期につくられたことが強調され、そこには私も同意するわけですが、なぜそれが戦後七〇年、独立から半世紀以上経っても変わらないのかについては十分に納得させてくれない部分が残りました。戦後の通常ではない時期にシステムがつくられ、密約が結ばれ、それが現在まで継続しているにせよ、そしてアメリカが国益のためにそういう仕組みを今なお活用しようとするにせよ、なぜ日本側は独立を達成したあと何十年経った今でもそのシステムや密約に縛られ、アメリカに逆らうこともできず、独立国家らしい振る舞いができないのか——その「謎」の深層までは見えてこないのです。

対米従属のスパイラルから抜け出す

『永続敗戦論』は、その「謎」に解答を与えてくれたところに、大きな存在価値がありました。日本は第二次大戦で敗北したのに、アメリカの世界戦略のための忠実な手下となることで敗戦の責任から免れているという分析それ自体は、著者が言うように「いままで数限りなく繰り返されてきた」ものであって、「別段新しい事柄」ではありません。しかし、この本は、なぜそれが七〇年経っても変わらないのかという点において、「敗戦を否認しているがゆえに、際限のない対米従属を続けなければならず、深い対米従属を続けている限り、敗戦を否認し続けることができる」という構造を、見事なまでに明らかにしてくれたと思います。そういう歴史意識を変革することが現実の変革につながるという指摘も、その通りでしょう。

同時に、私としては、白井氏が思想的、哲学的に解明した問題を、より多くの人々の共通の認識にするには、七〇年間のリアルな現実政治の分析にまで落とし込む必要性を感じました。現実の変革のために何をするべきかという問題でも、思想的な変革に加えて、人々にとってより身近な政策的な提起が求められると思います。というより、そういう思想的な変革を成し遂げるためには、政策面においてかつて経験したことのない挑戦が不可欠になっているというのが、私の認識です。

トランプ氏の「日本核武装発言」を徹底的に議論することは、そのためにも不可欠な作業だと感じます。本書がこれから明らかにするように、日本は引き続き核抑止力に依存するのか、そこから抜け出して新しい防衛構想を確立できるのかという問題は、対米従属のスパイラルから日本が自由になれるかどうかを左右することになるでしょう。

前置きが長くなりました。本論に入っていくことにします。

第一章 従属の現実

――世界に例を見ない実態

本書の中心命題は従属の「謎」の探究ですが、そうはいってても日本がどれほどアメリカに従属しているのか、そこにある程度の共通認識がないと、読み進めるのも苦痛になってくるでしょう。そこで、従属への賛否は別にして、「謎」とも関わってくる範囲で、その現実に言及しておきたいと思います。沖縄で若い女性がアメリカの軍属に殺害され（二〇一六年四月二八日）、日米地位協定のことが大きな話題になっていますから、地位協定に関わる問題を取り上げます。そういう現実は分かっているという方は、読み飛ばしてくださってても結構です。

1　裁判権があるのに「裁判をしない」不思議

事故を起こしたパイロットは本国に帰っていた

私が本書のテーマを強く意識するようになったのは、もう四〇年近く前のことですが、まだ大学生だった一九七七年九月二七日に起きた大事件によってでした。この日、米軍厚木基地を飛び立った海兵隊の飛行機（ファントムジェット機）が離陸直後にエンジン火災を起こし、乗員二名は緊急脱出して助かったものの、制御を失った機体は、燃料を満載した状態で五キロメートルほど離れた住宅地（横浜市緑区）に墜落したのです。

その結果、九名の方が重傷を負いました。なかには三歳と一歳の男の子も含まれていましたが、翌日、この二人の子どもが亡くなります。その後、一歳の男の子が覚えたての「鳩ぽっぽ」の歌を亡くなる直前に口ずさんでいたことなども報道され、日本中が悲しみに包まれました。

当時、日米安保条約くらいには目を通していましたが、日米地位協定など存在することも知らなかった私です。当然、それだけの事故を起こしたパイロット二人は警察に拘束され、裁判にかけられるものだとばかり思っていました。

ところが、違ったのです。被害者が病院で生きるか死ぬかの苦しみにあるなかで、パイロットはアメリカに帰国することになります。日米地位協定では、公務中における米兵の事件・事故はアメリカが第一次の裁判権を持っており、日本はアメリカが裁判権を放棄した時だけ、第二次の裁判権を行使できるという構造になっていたのです。「そんなバカな」

という思いにとらわれたのは、私だけではなかったでしょう。

パイロットはアメリカでどう裁かれたか

驚きは、そこにとどまりませんでした。

当時、悔しい思いはしても、どうしようもないとあきらめざるを得なかったのは、地位協定の規定では、アメリカが裁判をすることになっていたからです。法律の仕組み上、どうしようもないのです。

では、この事故はアメリカではどう裁かれたのだろう、そう誰もが思うのは当然でしょう。アメリカが裁くわけだし、パイロットはマニュアル通りに操縦して脱出したと主張するだろうから、有罪にするのはおそらく簡単ではないだろうけれど、経過や結論は知りたいなと私も思いました。

ところが、これだけの重大な事故にもかかわらず、アメリカは裁判をしていませんでした。パイロットはマニュアルに沿って操縦していたので過失はない、ということだったそうです。しかしそれは、アメリカ側がそう言っているというだけのことです。

間違えないでほしいのですが、公務中の事件でアメリカに裁判権があるといっても、地位協定は日本側に警察権を放棄させているわけではありません。別の箇所（第四章）で詳しく書きますが、基地の中ではアメリカ側が警察権を持つけれども、基地の外では日本側が持つというのが、地位協定の考え方です。基地の外で起きた事件は日本側に警察権があるのです。だから当時、日本政府も、警察の捜査権は日本側にもあるのだとくり返し表明していました。

ところが日本側は、パイロットの取り調べすらできませんでした。もし、民間航空機による重大事故が起きれば、パイロットは何日も缶詰めにされ、きびしい取り調べを受けるのが当然なのですが、この問題で日本は自分では何もできず、ただただアメリカの言い分を鵜呑《うの》みにしたのです。

アメリカ側の報告によると、機体が炎上したのは整備段階でのミスということでした。それなら整備士の責任が問われてしかるべきでしょう。しかし、いつ誰がそのミスを犯したのかは分からずじまいで、この事件では誰も裁判にかけられないことになったのです。

戦後の米兵による事件・事故の全貌

驚きは、そこにとどまりませんでした。

事故の翌年の三月、横浜ファントムジェット機墜落事件について、国会で議論がありました。それに関連して、山中郁子参議院議員（当時）が、戦後の米兵による事件・事故の全体がどうなっているのか問いただしたのです。

このやりとりのなかで、防衛施設庁（当時）が明らかにしたところによれば、日本の独立後、公務中、公務外の事件・事故は次のようなものでした。死亡者の数も分かります。

講和条約の発効いたしました二十七年（昭和—引用者）から、これは資料の関係で五十二年の十一月末までということでお許しいただきたいと思いますが、その間の当庁で承知しております米軍関係の事故は、公務上の事故が三万六千七十五件、これによる死亡者数が四百八十六人でございます。それから公務外の事故がこの二十五年間で十一万三百十八件、これによる死亡者数は四百七十名ということでございます。

（一九七八年三月二二日、参議院予算委員会）

死亡した日本人の数は、公務中の事故では四八六人、公務外では四七〇人だったということです。なお、これには返還前（一九七二年以前）の沖縄は入っていませんので、それを加えると倍増することでしょう。

別にこの数字に驚いてほしいわけではありません。問題は、アメリカ側が裁判権を持っている公務中の事件・事故について、裁判の実態がどうなっているかです。山中氏は、次のように追及しました。リアリティを感じてほしいので、関連箇所の全文を引用します。

一九七八年三月二二日、参議院予算委員会で

山中郁子君　では、日本で犯罪の疑いがあると判断したものであっても、そのすべては米側が裁判権を行使したことになると思いますけれども、実際に裁判を行ったものは何件あるんですか、アメリカが、米軍がね。

政府委員（伊藤榮樹君）　地位協定上、公務中の犯罪につきましては米側に第一次裁判権がございます。そこで、わが国の刑罰法令に触れると疑うに足りる嫌疑のある事案が発生いたしますと、警察当局等から犯罪発生通知をいたしておるわけでございます。それに対しては例外なく米側が第一次裁判権を行使するという態度を示してきておりまして、米側で処理がなされておるはずでございます。で、米側で軍事裁判にかけましたものについては、毎月その数字についての通報が来ております。

なお、統一軍法上の秩序維持の関係の懲戒処分になりましたものにつきまして従来報告が滞っておりましたが、最近これも通知を受けるように協議を整えたところでございます。で、その数字につきましては何分非常に膨大でございますので、公務中のものについてだけに限って申し上げますと、いわゆる事故の事件が多うございまして、それらにつきましては、米側では、いわゆる刑事裁判、軍事裁判というものは一般的にいって余りやっていないように見受けられます。

山中郁子君　余りやっていないいじゃなくて、あなたの方で通知を受けることになっているわけでしょう。何件受けたんですか、答弁してください。

政府委員（伊藤榮樹君）　現在記録が残っておる限りにおきましては、米側で軍事裁判に付したものはゼロのようでございます。

大臣も「意外に思います」

そうなんです。裁判にかけられたのは「ゼロ」だったんです。

政府はこの時、事件・事故の八割は車両事故なのだとか、いろいろと言い訳をしました。それは事実でしょう。そんなものまですべて裁判にかけろなんて、誰も求めていません。しかし、四八六人も死亡者が出ているのです。それなのに、公務中の事故だったら、人が死んでも誰も責任をとらないまま済まされているわけです。裁判をしたけれども責任のないことが分かって無罪になったというのではなく、裁判そのものがされていない。

軍隊の場合、裁判にかけずに懲戒処分で済ませることもあります。この日、それについても質問がありました。これに対して、政府は、「身柄とともに部隊が変わりますと引き継がれ」なくなるなどとして、「現在のところ調査ができない、こういう米側の回答を得ております」と述べました。

これらのやりとりを聞いていた法相（瀬戸山三男）もあきれはてたようです。「私もいま事務当局の説明を聞きまして意外に思います。率直に申し上げます。今後は厳重にその結果を報告してもらうように交渉したいと思います」と答弁せざるを得ませんでした。

これは今から四〇年近く前のことです。「今後は厳重に」という大臣の答弁は、それからも試され続けることになります。

一九九五年、沖縄で少女暴行事件が起こりました。ところが、その際も横浜の墜落事件があった七八年から九五年まで、公務中の事件、事故で裁かれた米兵はいるか、ということが国会で問われましたが、政府の答弁は、引き続き「ゼロ」というものでした。

ようやく一人が裁判にかけられたが

そして二〇〇四年八月、沖縄国際大学で、米軍のヘリコプターが墜落する事故がありました。その翌年の七月、再びこの問題が国会で議論されました。

そこで政府が明らかにしたことによると、戦後における公務中の事故での死亡者は約五二〇名、公務外では約五六〇名へと増えていました。そして大事なことは、公務中の事故で裁判にかけられたケースが、ようやく一件あることが紹介されたのです。ただ、どの事故であるかとか、誰が裁判にかけられたとか、裁判の結果などは、アメリカ側は教えてくれないということです。

もう一つ大事なことは、これもようやくですが、懲戒処分にかけられた件数が出てきました。一九八五年から二〇〇三年までで、三一八件ということでした。戦後六〇年経って、本当にやっとのことで処分の数値が出てきたのです。

この日、沖縄国際大学への墜落事故を起こした関係者も、懲戒処分を受けたことが報告されました。ただし、「責任のある者に対し、懲戒及び行政処分がとられた」(二〇〇五年二月二四日、衆議院予算委員会)ということだけで、その「責任のある者」とはいったい誰なのか、処分の内容はどんなものだったのかは、日本側には報告されないままです。

なお、本書を執筆するにあたり、最近の米軍人の公務中の事件・事故について、件数や裁判にかけられた数を防衛省に問い合わせました。回答(表1・2・3)は、二〇〇八年から一三年までに限られますが、事件・事故は三二四件起こっており、裁判(軍法会議)にかけられた者はゼロに戻っていました。一方、三二四件中三二一件は懲戒および行政処分が科されており、処分なしは三件のみということでした。裁判にかけるというのは、やはりハードルが高いようです。一方、ほとんどが懲戒処分を受けるようになったのは、日

表１　米軍人による公務中犯罪
（2008〜2013年）

	軍法会議	懲戒処分	処分なし	合計
2008年	0	6	0	6
2009年	0	54	0	54
2010年	0	71	2	73
2011年	0	60	1	61
2012年	0	71	0	71
2013年	0	59	0	59
合計	0	321	3	324

注：本表は、軍人による公務中犯罪のうち、日本国民である被害者が死亡または障害を負った事件について、日本の検察当局が不起訴処分とした年ごとに米軍当局による処分の別を集計したものである。ただし、2008年の数については、日本国民である被害者が死亡または４週間以上の障害を負った事件について、米軍当局による処分状況を明らかにしたものである。

表２　米軍属による公務中犯罪
（2009〜2013年）

	軍法会議	懲戒処分	処分なし	合計
2009年	0	10	0	10
2010年	0	10	1	11
2011年	0	18	0	18
2012年	0	12	0	12
2013年	0	24	3	27
合計	0	74	4	78

注：本表は、軍属による公務中犯罪のうち、日本国民である被害者に対して犯された事件について、日本の検察当局が不起訴処分とした年ごとに米軍当局による処分の別を集計したものである。

表３　合衆国軍隊構成員等犯罪事件人員数（2001〜2015年）
公務中の犯罪で「第一次裁判権なし」として不起訴処分となった人員数（人）

2001年	2002年	2003年	2004年	2005年	2006年	2007年	2008年	2009年	2010年	2011年	2012年	2013年	2014年	2015年	合計
69	65	123	149	96	126	154	141	156	151	149	125	140	115	123	1882

注：「第一次裁判権なし」として不起訴処分に付された人員数は把握しているものの、そのうち米側が第一次裁判権を行使した人員数は把握していない。

本国民の世論を意識したものかもしれません。というより、裁判しないと日本国民が問題にするので、懲戒処分で批判をかわそうというのが本音なのかもしれません。

イタリアで裁判をやれとアメリカに要求

私たちは、日本における米軍の事件・事故の実態や、なかなか日本側の要求が通らないことを知っていますから、「こんなものかな」と思いがちです。しかし、これだけの重大な事件・事故が起こっても、ほとんど誰も責任をとらないというのは、この日本だけだと思います。他国の事例を思い出してみましょう。

先ほど紹介した横浜の事故に匹敵するものとしてすぐに思い浮かぶ事故があります。今から一九年前になりますが（一九九八年二月）、イタリアで低空飛行訓練をしていた米軍機が、スキー場のロープウェイのケーブルを切断し、ゴンドラが地上に落下して二〇名が死亡した事故です。

この事故が起きたとき、まずびっくりしたのは、イタリア政府の態度でした。日本政府とはずいぶん違っていました。

事故が起きた直後、米軍は、決められているルートと高度を飛んでいたと発表します。日本政府だと、米軍が発表すれば、すぐにそれを追認する傾向がありますが、イタリア政府の対応は違いました。アンドレアッタ国防相（当時）は、米軍の発表直後に、「事故機はルートをそれており、高度も守っていなかった」と反論します。また、スキーリフトの所在を記載した地図を米軍に渡していたのにそれが隊員に渡されていなかったことも暴露し、「地図が配付されていれば事故は起こらなかった」と怒りをあらわにしたのです。

さらにびっくりしたのは、アメリカ政府に対し、パイロットの裁判権をイタリアに引き渡すよう、強く要求したことです。日米地位協定でもそうですが、NATO軍地位協定においても、こういう公務中の事件の第一次裁判権はアメリカにあるのです。しかし、同じ地位協定で、アメリカに対して裁判権の放棄を求めることができるとされています。もちろん、アメリカが放棄することはほとんど考えられませんが、国民感情を大切にすれば、被害を被った側が被害を起こした国に対してそれを要求するのは、当然といえば当然です。ところが日本は、先ほどの七八年の国会でも、「御質問のように、わが方から第一次裁判権の放棄を要請したことは従来ございません」ということでした。政府の姿勢が根本的に異なるのです。

懲役六か月の有罪判決を受けた乗員もいた

こうしたイタリア政府の姿勢におされて、米軍は事故の調査委員会にイタリア側の代表を加えることにしました。事故の真相を隠してしまうことはできなくなったのです。これは、事故原因の究明と再発の防止のためにも、たいへん重要なことだったと思います。

そして、この米軍機の乗員は、アメリカで軍法会議（裁判のこと）にかけられることになりました。やはりイタリアが裁判することはできませんでしたが、予審聴聞から数えると一一か月もの裁判にかけられたのです。

その結果は、一人は懲役六か月、もう一人は無罪というものでした。事故自体の責任は乗員にはないというのが結論で、一人が懲役になった理由も、飛行の模様を撮影したビデオテープを処分した捜査妨害の罪でした。

裁判の結論は、イタリア側で強い憤慨を呼び起こします。この事故で二人が犠牲になったポーランドの外務省（報道官）も、「二〇人が犠牲になった事実を軽く見過ぎている」と不快感を表明しました。

ただ、それにしても、日本と異なり、ちゃんと地位協定が守られて、裁判は行われているわけです。もちろん、軽い事故の場合は懲戒処分で済まされているでしょうが、重大な場合は裁判がされているのです。

アメリカ人に対する犯罪では裁判が行われている

なお、九五年に沖縄で少女暴行事件があった時、アメリカの地方紙「デイトン・デイリー・ニュース」は、米軍内部のコンピューターに入力された一〇万件以上の犯罪記録を分析し、その結果を公表しました。それによると、性犯罪を理由に軍法会議にかけられた被告の数が、在日米海軍・海兵隊基地で一六九名、米本土のサンディエゴ基地で一〇二名、同じくノーフォーク基地で九〇名ということでした。

これは、軍隊内部の同僚に対する犯罪と思われますし、性犯罪ということですから「公務中」でもないでしょう。それでも、公務外のアメリカ人に対する犯罪については、ちゃんと裁判がされていることも分かります。

地位協定の裁判権の問題をめぐっては、これ以外にもいろいろ論じるべきことがあります。公務外の犯罪について、重大でない場合は日本側が裁判権を放棄するという約束が存在すること、容疑者の身柄をアメリカが確保した場合、起訴するまでは日本側が勾留できないことなどです。

ただ、それらを論じはじめると収拾がつかなくなるので、裁判権問題はこれで終えて、次の問題に移りましょう。せっかくイタリアにおける低空飛行の話が出てきたので、それに関連する話にしたいと思います。

2　日本全土がアメリカの訓練基地なのか

日米合同委員会とオスプレイの危険

日米合同委員会という秘密のベールに包まれた組織があります。日米地位協定の実施に関わる問題を議論し、遂行する組織です。日本側代表は外務省北米局長で、代理として防衛省や法務省の官僚が名前を連ねます。アメリカ側代表は在日米軍司令部の副司令官で、他のメンバーも米国大使館の公使を除くと在日米軍の幹部です。

外務省のホームページでは、日米合同委員会の合意事項について、「米側との協議の上で、その全文又は概要を公表してきています」とされています。ところが、二〇一六年五月の国会で、「取扱厳重注意」という判子が押された合同委員会の議事録が暴露されました。議事録は公表する対象になっていないのでしょうか。二〇一二年七月二六日付で、米軍機オスプレイの配備に関係したものです。

その当時、オスプレイの墜落事故が米本土やアフリカで連続して発生しており、日本への配備を前にして問題になっていました。議事録によると、日本側も、「沖縄、岩国のみならず全国的に懸念が広がっている」と認めています。

ところが、日本側が求めるのは、懸念に応えて何らかの対策をとれということではありません。「オスプレイの運用に制約を課すことなくとり得る措置」を検討するとして、「安全性を効果的にアピール」するようアメリカ側に具体的な提案をしているのです。本末転倒とはこのことでしょう。

日本側が対応に苦慮したアメリカの「公表」

ただし、ここで論じたいのはオスプレイの危険性の問題ではありません。オスプレイをはじめ米軍機は、日本の各地でルートを設定して、そのルート上で低空飛行訓練をしています。関係者にとっては周知の事実です。ところが、この議事録を見てとんでもないことが分かったのです。日本政府が、米軍の訓練ルートを隠そうとしていたのです。以下のやりとりが記載されていました。

○日本側から、環境レビューに低空飛行訓練のルートが掲載されたため、低空飛行訓練が全国的な問題となっており日本側が対応に苦慮していること、また、今回環境レビューに記載することにした理由を照会。

○米側より、環境レビューは日本の事情や今までのやりとりをよく知らないワシントンの関係者が作成したもの、率直に言って日本側に申し訳ないと思っている旨釈明。

（「オスプレイに関する日米合同委員会（七月二六日）」（概要））

これだけでは意味がよく分からないと思います。環境レビュー（評価）というのは、オスプレイの配備にあたって、騒音その他が環境に重大な影響を与えないかどうか、アメリカ側が調査し、公表したものです。合同委員会が開催される前月、二〇一二年六月に公表されました。その結果、「問題なし」として、オスプレイが配備されることになったのです。そのオスプレイは低空飛行訓練もすることになっており、その関係で、環境レビューでは、日本全国に設定されている米軍機の低空飛行訓練ルートのうち、六つのルートの記載があったのです。

でも、それを記載しただけのことなのに、なぜ「日本側が対応に苦慮」したのか。アメリカ側が「日本側に申し訳ない」とまで表明することになったのか。説明が少し長くなりますが、付き合ってください。

高速で低空を飛行する訓練は危険

米軍機の低空飛行訓練とは、その名の通り、まさに低空を飛行する訓練のことで、全国のいろいろな場所で行われています。主に山間地帯で実施されており、人口密集地帯では目にすることが少ないため、全国的に大問題になることはあまりありません。しかし、日本における米軍の特権を象徴するものであって、本書で取り上げるのもそのためです。

低空飛行訓練には、エリア型といって特定の区域全体を使用するものと、ルート型といってまさに山間のルートを飛行するものとの二種類があります。なぜ山間のルートを低空で飛行する訓練をするかというと、敵のレーダーに捕捉されないで目標地点に接近する技量を高めるためです。米軍のマニュアルによれば、高度一〇〇〇フィート（約三〇〇メートル）から一〇〇フィート（約三〇メートル）が飛行高度とされています。

そのような低空をジェット戦闘機が飛行するのです。速度は最低でも二五〇ノット以上で、イタリアでケーブル切断事故を起こした戦闘機は、四五〇ノット（時速約八三三キロメートル）までの速度が許容されていました。よく目にするヘリコプターやセスナのような飛行速度ではないのです。

そういう訓練ですから、当然、危険をともないます。イタリアの事故から一か月して、米海兵隊が事故原因についての調査報告書を発表しましたが、それによるとケーブル切断の四五秒前になっても、乗員にはスキー場やケーブルは見えていません。四五秒というのは、時速八〇〇キロで飛行する場合、距離にすると一〇キロメートルに相当します。実際、この速度で飛んでいて、一〇キロ先の二・二五インチ（六センチ足らず）のケーブルを人間の目で捉えるなど、どだい不可能なことだったでしょう。

さすがに最後の最後には、パイロットはケーブルに気づいたそうです。事故報告書にはどの時点なのかは書かれていませんが、回避動作をとったが間に合わなかったとされていることも考慮すれば、当時の「ニューヨーク・タイムズ」が報道したように、一秒前というのが妥当なところでしょう（ケーブルまで二〇〇メートルの地点ということになります）。

日本でも米兵が亡くなっている

これは人ごとではないのです。日本のルートは山間部が多いと紹介しましたが、そのルート下には、イタリアと同様、スキー場が少なくありません。

二〇一二年の環境レビューでは、前述の通り六つのルートが明らかにされました（図1）。色で名前がつけられており、ピンク、パープル、ブルー、グリーン、イエロー、オレンジとされています（これ以外に中国山地を走るブラウンルートがあることも知られています）。このうち、たとえばグリーンルートが蔵王、ブルールートが立山や乗鞍などを通っており、そこにはイタリアと同じく名だたるスキー場があり、イタリアと同様、一秒前になってよ

図１　米軍機の訓練ルート

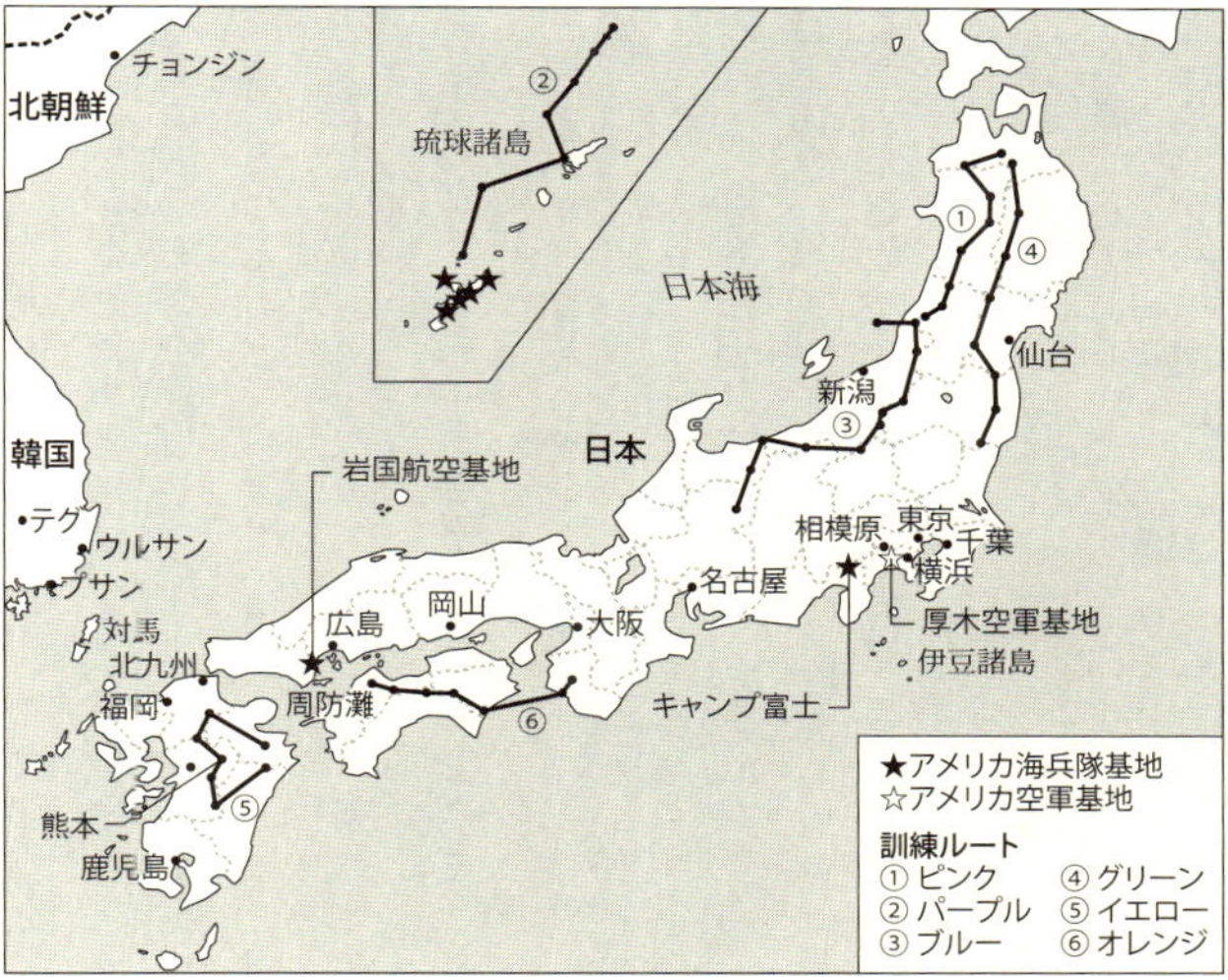

うやく目視できる程度の太さのゴンドラ用のケーブルがあるのです。イタリアのようなことが日本で起きても、何の不思議もありません。

実際、あまり知られていませんが、日本においても、米軍機による低空飛行訓練中の事故が起きたことがあります。二つだけ紹介しておきます。

一つは、一九九一年、オレンジルート（環境レビューでは和歌山―徳島―高知―愛媛）下で訓練中に、十津川村（和歌山県に隣接する奈良県の村）において、伐採した木を運搬するケーブルを切断した事故です。幸い人身事故にはなりませんでしたが、イタリアと似たケースです。

もう一つは、九四年、同じくオレンジルートを低空飛行していた米軍機が、高知県の早明浦《さめうら》ダムで墜落した事故です。この米軍機は、蛇行する山間の谷を川に沿って飛行していたのですが、川が蛇行していれば米軍機も急旋回しなければなりません。米軍が公表した事故報告書によると、事故機のパイロットは、急旋回による圧力で金縛りのような状態に陥り、操縦不能になって川に突っ込んで死亡したということです。

イタリアもアメリカもルートを公表し、統制している

ジェット機が地表のすぐ上を飛行するのですから、墜落しないまでも、爆音はすごいもので、子どもはおびえますし、牛馬が暴れ出したりします。衝撃波で建物が壊れることもあります。ルート直下のこうした問題以外にも、同じ高度をドクターヘリなどが飛行する場合もあり、衝突事故が起きるのではないかと心配されてもいます。

このような危険な訓練ですから、どのルートを、どの時間帯に、どう飛行するのかが明確にされて当然です。イタリアの事故の際に公表された米軍の報告書では、この点での詳細な記述がありました。

報告書によれば、事故のあったアルプス地方には、イタリア空軍が許可した一〇本の低空飛行ルートが存在していました。どのルートも幅は一〇カイリ（約一八・五キロメート

ル）だということです。制限速度は四五〇ノットで、最低飛行高度は一九九七年までは一〇〇〇フィートでしたが、イタリア側が二〇〇〇フィートにすることを決定し、アメリカ側に伝えていたそうです。

規則は明確だったのです。ところが、事故機が属していた部隊の隊員一八人のうち一五人までが、最低飛行高度が変更されたことを認識していませんでした。しかも事故機は、ルート上の六つの区間のうち二つでは、以前の一〇〇〇フィートよりさらに低いところを飛んでいました。その上、制限速度を一〇〇ノットも上回っていたのです。ルート幅から外に出ていた地点もあったそうです。またイタリア側は、訓練ルート周辺にスキー場があることを示すため、独自の地図を米軍に提出していたとされますが、事故機のパイロットは、この地図を使っていませんでした。

なお、アメリカ本国では、自家用の航空機が特別に多いからでしょうが、米軍機が高速度の低空飛行訓練をする際に、他の航空機との衝突を避ける原則が明確になっています。まず、ルートを公表することにより、他の航空機に訓練空域を知らせます。その上で、実際に飛行する前には、使用するルート、進入地点の位置、方位、距離を明示した飛行計画を連邦航空局に提出させるのです。こうすることで、連邦航空局は、同じ時間に同じルートを使おうとしている他の航空機に、軍用機が飛ぶことを知らせることができるのです。

日本政府はルートを知る必要もないという立場

　さて、アメリカ本国の例にせよ、イタリアにおける例にせよ、それが常識的だと誰もが思うことでしょう。ルートを明確にし、運用を統制することによって、できるだけ事故を防ぐべきだと感じるでしょう。

　ところが、先ほどの疑問に戻りますが、二〇一二年にアメリカ側が日本の六つの訓練ルートを公表した時、日本側は困惑したのです。アメリカ側は「申し訳ない」と謝った。現在の日米軍事関係において、アメリカが日本に謝罪するなんて、ちょっと考えられないできごとです。

　ここには、在日米軍の存在と運用をめぐる、きわめて日本的な特殊性が存在しています。信じられないかもしれませんが、どうぞ読み進めてください。

　日本に米軍機の低空飛行訓練ルートが複数存在することは、すでに紹介した一九九一年、九四年の事故報告書によって知られていました。九四年の報告書によって、それが色別に表現されていることも明らかになりました。

　ルートが明確にされることは、日本政府はどうあれ、ルート下の自治体にとっては、少しでも問題を解決することにつながります。ルートが明確になっていれば、イタリアの場合のように、ルート下にある障害物の地図をつくって米軍に提供することも可能になり、格段に安全性は増すはずです。

しかし、日本政府は、国会などで何回追及されても、ルートなど知らないし、通知も受けていないという態度をとり続けてきました。たとえルートがあるにしても、絶えず変化しているだろうから、ルートを特定することには意味がないと述べてきました。六つのルートが明確に存在するという米軍レビューの公表は、こうした日本政府の対応が虚偽に満ちたものであることを暴露するもので、大いに困惑したのだと思います。

日本のどこの空でも訓練はしていいという政府の立場

しかし、そもそもルートの通知を受けていないとしたら、そちらのほうこそ話が逆転しているのです。だって、米軍機が日本の領空で訓練をするわけです。本来であれば、イタリアの場合にされているように、ルートは飛行高度などとともに受入国の政府が決め、アメリカ側に提供するという性格のはずのものです。実際、日本においても、海面の上を中心として米軍に膨大な広さの訓練空域が提供されていますが、日米地位協定にもとづき、そういう手続きがふまれています。ましてや低空飛行訓練ルートは、真下に住民が住んでいる場所であって、より適切な手続きが不可欠です。

しかし日本政府は、低空飛行訓練は、日本のどこの空であれ、米軍が勝手にやっていいのだという立場をとってきました。その理由に関する国会での以下の答弁を見てください。

米軍が安保条約及び地位協定に基づきまして我が国における駐留を認められております以上、軍隊としての機能に属する諸活動を一般的に行うことは当然の前提とされているわけでございます。地位協定に特段の規定がなくても、軍隊の通常の活動に属すると思われます行動につきましては、これは米軍が駐留を認められております結果として当然認められるべきものだ（一九八八年一二月一三日、衆議院予算委員会）

低空飛行訓練というのは、「米軍が駐留を認められております結果として当然認められるべきもの」であって、とくにそのルートを提供するような手続きはいらないというのです。では、ちゃんと地位協定にもとづく手続きをふんで提供される訓練空域と、低空飛行訓練の空域やルートは何が違うのか。政府の説明によれば、低空飛行訓練は「通常の航法訓練」、すなわち飛び方の訓練なので空域を特定しないでもいいということでした。それに対して、爆撃訓練や夜間離着陸訓練など、地表に影響を与えるようなものは、提供空域でやってもらうという立場をとったのです。

ところが、一九九九年二月に岩手県釜石市で低空飛行訓練中の米軍機が墜落し、その事故報告書によって、米軍機が模擬対地攻撃訓練、空対空戦闘訓練をしていたことが明らかになりました。その途端、政府は、「通常の航法訓練」でなくても、実弾射撃訓練でなければ問題ないとの態度を表明することになります。何があっても、米軍の訓練の変化に合わせて、日本政府の答弁が変わっていくのです。

低速でのルールが日本では高速に適用される

日本における米軍機の低空飛行訓練では、日本人の死者はまだ出ていません。しかし、以上のような実態を目にすると、それは偶然の所産だったと思わざるを得ないのです。

「目で見て避けよ（See and Avoid）」

これは、一九九四年の墜落事故の調査報告書で有名になった言葉です。日本の低空飛行訓練ルートは特定されていないことになっているため、同じ空域を飛行する民間機、自衛隊機との衝突を避ける手段がないとし、パイロットの目だけが頼りであることを告白したものでした。

同じ言葉が、アメリカ連邦航空局が発行している「空域計画地図　軍事訓練ルート」という文書の中にもあります。でも、この言葉が出てくるのは、低速度（二五〇ノット以下）

の低空飛行訓練ルートを扱った箇所です。これは当然のことなのです。日本においても、低速度のヘリコプターやセスナは「目で見て避けよ」の原則で飛んでいるからです。

重大なことは、米軍がこの原則を、日本においては、ジェット戦闘機の高速度の低空飛行訓練に適用していることです。「目で見て避けよ」の原則は、目視でも衝突を回避できる程度の低速で、お互いの航空機が飛行することを前提に成り立っています。この空域に高速度の航空機が入ってきてしまっては、原則が崩れてしまいます。だから、「空域計画地図」にも、「高速度の航空機は低速ルートを使用してはならない」と明記されているわけです。アメリカではやってはならないことを、日本では平気で実施しているのです。

これは仕方がないのかもしれません。だって、日本側がルートの存在を認めないので、米軍としても他に安全を確保する手段がないのですから。

置き去りにされる日本国民の安全

そろそろ書き続けるのにも苦痛を感じてきました。この日本は、いったいどうなっているのでしょうか。

結局、こうなっているのです。在日米軍は日本に知らせずに勝手に訓練ルートを設定して、勝手にいろいろな訓練をしています。それが問題になってくると、日本政府は、米軍の行動を正当化するような法的根拠を考え出すのです。

それが積み重なって、いよいよ安全が脅かされる状態がつくり出され、米軍も何らかの対処が必要だと考えるようになります。訓練ルートを公表しようとする。そうすると、日本政府は、これまでとまったく異なる説明をしたくないので、アメリカに対してどういうわけか強く出て、公表しないように迫る。もしかしたら、ルートが明確になると、対策も必要になってくるので、そちらのほうが困ると思っているのでしょうか。

こうして、米軍の訓練は保障され、日本政府のメンツも保たれます。置き去りにされるのは、日本国民の安全だというわけです。米兵の命だって同じかもしれません。

3　ドイツは主権のために地位協定を改定した

これまで地位協定の個別の問題を論じてきました。このやり方ではキリがないので、最後に、地位協定の全体を取り上げます。ドイツとの比較です。

二〇一六年四月の沖縄における女性殺人事件のあと、地位協定の改定論議がありましたが、日本政府は結局、協定の改定はせず、軍属の範囲を限定するという運用の見直しに止めました。これまで何か問題が起きる度に、米軍基地を抱える渉外関係主要都道府県知事連絡協議会は地位協定の改定を求めてきましたが、今度も改定はなりませんでした。

しかし、これもまた日本的な現象です。この間、米軍が駐留する多くの国で地位協定が改定され、受入国の主権が貫かれる仕組みがつくられています。ここではドイツの事例を取り上げ、日本との比較を試みます。

統一後に改定されたドイツ補足協定

詳しくは別に論じますが（第三章）、NATO（北大西洋条約機構）は一九四九年に結成され、五三年に「NATO軍地位協定」が発効します。西ドイツは敗戦後、アメリカ、イギリス、フランスの占領を受けていましたが（少数だがベルギー、カナダ、オランダの軍隊も駐留した）、五五年に占領が終了してNATOに加盟し、NATO軍地位協定の適用を受けるようになります。同時に、西ドイツの特別の状況をふまえた地位協定が必要だとされ、四年近い交渉を経て「NATO軍地位協定を補足する協定」（以下、ドイツ補足協定）が五九年八月に調印され、六三年七月に発効することになりました。

補足協定を必要とした西ドイツの特別の状況とは、右記六か国の軍隊が占領終了後も「外国軍の駐留に関する条約」（一九五四年一〇月調印）によって駐留するなど、完全な主権が回復されなかったことを意味します。そのため、当時のドイツ補足協定には、NATO軍地位協定をより不利にした規定が見られました。

ベルリンの壁が崩壊し、九〇年にドイツが統一されると、国際法的にもドイツは主権を完全に回復します。こうしてドイツは、主権を取り戻すために、六か国との間でドイツ補足協定を改定すべく全力をあげることになります。

改定交渉は九一年から開始され、九三年に調印されます。交渉には州の代表も加わったとされますから、これは軍隊駐留で被害を受けていた住民の声を反映するためだったのでしょう。改定は、ドイツ補足協定八三条中三五条にも及びました。なお、この新協定の日本語訳全文は、一〇〇ページにも及びますが、私も一員であった地位協定研究会編の『日米地位協定逐条批判』（新日本出版社）に掲載されています。


日米協定と異なり、米軍基地にドイツ法令を適用

ドイツは、改定交渉にあたって、その目標を「ドイツ領域主権の尊重」に置きます。実際に改定された協定も、それが確認されたことが最大の特徴だといえます。これを規定した第五三条１項は、次のようになっています。

軍隊及び軍属は、その専属的使用に供される施設内において、防衛上の責任を十分に遂行するに必要な措置を執ることができる。同施設の使用に対しては、本協定及び他の国際協定に別段の規定がある場合を除き、並びに、軍隊、軍隊の構成員、軍属及び家族の組織、内部機能並びに管理に関するもの、並びに、第三者の権利に又は隣接する地方自治体及び公衆に予見できる影響を及ぼさない他の内部問題に関するものを除き、ドイツの法令が適用される。権限のあるドイツ当局と軍隊の当局は生じる可能性のある見解の相違を調停するため、協議し協力するものとする。（傍線は引用者）

そうなのです。外国軍隊は、施設（基地）の中で「必要な措置を執る」わけですが、施設の使用にあたっては、「ドイツの法令が適用される」ことが原則とされたのです。

これに対応する日米地位協定の規定は、第三条1項になります。以下のような規定です。

合衆国は、施設及び区域内において、それらの設定、運営、警護及び管理のため必要なすべての措置を執ることができる。日本国政府は、施設及び区域の支持、警護及び管理のための合衆国軍隊の施設及び区域への出入の便を図るため、合衆国軍隊の要請があったときは、合同委員会を通ずる両政府間の協議の上で、それらの施設及び区域に隣接し又はそれらの近傍の土地、領水及び空間において、関係法令の範囲内で必要な措置を執るものとする。合衆国も、また、合同委員会を通ずる両政府間の協議の上で前記の目的のため必要な措置を執ることができる。

この地位協定第三条は、日本では、施設（基地）内でのアメリカ側の排他的な管理権——基地の中に日本の主権は及ばないということ——を定めたものということになっています。実際、見ていただければ分かる通り、日米地位協定には、米軍施設内で日本の法令を適用するという規定がありません。それどころか、日本側が「関係法令の範囲内で必要な措置を執る」のは、米軍の管理や出入りの「便を図るため」なのです。ドイツの新しい協定とは逆転していることが理解できるでしょう。

基地への立ち入りや警察権でもドイツの主権を貫く

日米地位協定は、基地の中は米軍に管理権があるが、基地の外では日本に主権があるという建前です（実際には基地外での日本の主権が怪しいことは低空飛行問題でも明白ですが）。その結果、日本側は、基地の中に入るにはアメリカ側の承認が必要とされます。

ドイツでは、当初の補足協定においても、事前に通知した上でのドイツ当局の立ち入りは認められていました。駐留軍の同意は不要だったのです。改定によって、緊急の場合などには、以下のように事前通知も不要となります。

軍隊当局は、連邦、州、市町村レベルの所轄ドイツ当局に対し、事前の通知後の施設への立ち入りを含め、ドイツの利益を擁護するのに必要なあらゆる適切な援助を与え、ドイツ当局が公務を果たせるようにするものとする。施設を管轄するドイツ連邦当局は、要請に応じて軍隊当局を援助する。緊急の場合及び危険が長引いている場合、軍隊当局は、事前通知なしの即座の立ち入りを可能にするものとする。軍隊当局は、ドイツ当局に同行するかどうかを個別の場合について決定する。（ドイツ補足協定 署名議定書「第五三条について」第4項a(a)）

日米地位協定は、警察権についても、基地の中はアメリカ側が行使し、外では日本側が行使するという分け方になっています（これも実際には重大な例外のあることは別に論じます）。一方、ドイツ補足協定では、領域主権の原則がいろいろな分野で貫かれました。警察権についても同様で、これを規定した第二八条1項の前に新たな項が設けられ、「（ドイツの）公の秩序及び安全が危険にさらされ又は冒された程度に応じて」、「ドイツの警察は、軍隊又は軍属が専属的使用を認められている施設内で、……その任務を行なう権限を有する」ことになりました。

訓練、出入国、環境問題でもドイツ法を適用

これ以外にも、いろいろと重要な改定があります。

米軍の訓練区域内での演習・訓練については、補足協定改定以前から、ドイツ法が適用されるという規定がありました。一方、訓練区域の外での訓練（低空飛行訓練がこれに該当します）は、NATOの権限ある当局の命令によって行われることになっており、ドイツ側の権限が及びませんでした。

補足協定の改定によって、陸上での訓練にはドイツ国防相の承認が、空域での訓練には所轄のドイツ当局の承認が必要とされるようになりました（第四五条1項、第四六条1項）。日本での低空飛行訓練との違いが分かると思います。

米軍のドイツ領域への出入りや内部の移動について、改定以前は何も制限がありませんでしたが、改定により、原則としてドイツ政府の許可が必要となりました（第五七条1項）。一方、日本の領域に米軍が出入りするのに際して、日本は何の関与もできないでいます。

ドイツ補足協定の改定にあたって、新たな条項も加わりました。その代表的なものが環

境アセスメントを義務づける条項です（第五四条A）。すべての計画について早急に環境アセスメントを実施することが義務づけられ、有害な影響が避けられない場合は、回復または清算措置をとることになりました。

ところで、他の国の地位協定はどうなっているのでしょうか。私は詳しくないのですが、最近、地位協定問題でよく発言している伊勢崎賢治氏（東京外国語大学教授）が、イタリアとフィリピンの地位協定について論じています。伊勢崎氏のご了解を得て、以下、それを紹介します。

イタリアの地位協定はどうなっているか

——軍関係者の犯罪に関する裁判権、捜査権と共に日米地位協定で話題になるのが、「主権」に関する問題です。日本の空の大部分がいまだに米軍の管理下に置かれ、米軍ヘリが墜落事故を起こした現場には日本の警察も消防も立ち入れない。こうした状況も国際的に見ればやはり「異常」なのでしょうか？

伊勢崎　先ほども話したようにNATO地位協定は双方の「対等性」「互恵性」が基本ですから、受け入れ国の主権は最大限尊重されています。

そのため、駐留軍がやることは原則として受け入れ国の許可が必要です。例えばイタリアには現在、米軍が使用する基地や施設が大小合わせて一〇〇近くあるといわれていますが、イタリアは米軍に対して訓練などに関する詳細な計画書の提出まで求めている。

実際のオペレーションに際しては、双方の軍隊の司令官が責任を持つという仕組みがあり、両者が一体化する必要があることから、当然、イタリア軍の司令官は自由に、無条件で、すべての米軍施設に立ち入る権利が与えられています。

また、緊急の場合も含めて、すべての航空機の飛行や航空管制、物資の輸送などについても、イタリア当局への届け出や許可が必要で、駐留軍車両の排ガス規制や廃棄物の処理方法についても受け入れ国側の規制や環境基準を順守しなければなりません。

しかも、イタリアとNATOが結んだ「補足協定」には、基地を持つ地域の地方政府と駐留軍の間に正式な外交チャンネルを持つことも義務づけられている。これらを比較すれば今の日米地位協定がいかに「異常」であるかは、誰の目にも明らかでしょう。

フィリピンの地位協定はどうなっているか

――では、NATO以外の地位協定と比べると、どうでしょう。とても気になります。

伊勢崎　フィリピンとアメリカの地位協定と比較してみましょう。特に管理権の問題がわかりやすいと思います。

フィリピンには独立後の五〇年代からクラーク海軍基地、スービック空軍基地というふたつの大きな米軍基地があったのですが、一九九一年にピナツボ火山が大噴火を起こし、溶岩の流出や火山灰の降灰によって基地が使えなくなってしまった。

それと同時にフィリピン国内で大きな民族運動が起きて、米軍基地をかつての植民地支配の名残ととらえていた彼らはアメリカとの地位協定を破棄、九二年にアメリカ軍はフィリピンから完全撤退します。

ところが、そうやって米軍がいなくなった隙を突いて、中国が南沙諸島を奪いに来た。そこで困ったフィリピンはアメリカとの関係を修復し、再び国内に米軍基地を受け入れて、新たな地位協定を締結したのです。

肝心の内容ですが、これまた日米地位協定とは雲泥の差があります。フィリピンに駐留する米軍に関する「管理権」は基本的にフィリピン側にあり、米軍はあくまでもお客さん扱い。国内で米軍が何をやるか、何を持ち込むかをチェックする「検閲権」もフィリピン側にあります。また、米軍は年間数百億円ともいわれる基地使用料をフィリピンに支払っていて、協定には「核の持ち込みをしない」という条項まで書いてあるのです。

原文を読むと「米軍がフィリピンの主権の下に駐留しているのだ」というニュアンスが痛いほど伝わってきます。

――なぜ、アメリカに国力ではるかに劣るはずのフィリピンがそうした地位協定を結べたのでしょうか。

伊勢崎　アメリカが出している公的な地位協定関連の報告書を読むと、フィリピンとの地位協定を復活するにあたって、自分たちがどこまで譲歩すべきかという点について、かなり真剣に議論していたことがわかります。

やはり一度は「追い出された」経験があるのが大きいのでしょう。報告書を見ると、「地位協定の交渉にあたっては、相手国に対する敬意がなければならない」というようなことが書いてある。

つまり、米軍が改めて駐留するにあたって、一方的な押しつけじゃなく、これが双方のコンセンサスに基づく運用だということに配慮しないと、また同じ轍《てつ》を踏むことになる、と言っているんですね。

もちろん、これは一回追い出された国が相手だから反省しているのであって、追い出すどころか、国民のほとんどが「地位協定って何？」という国が相手なら話は別で

す。(『週刊プレイボーイ』二〇一六年六月二七日号)

主権国家らしくなっていくために

伊勢崎氏の引用はこれで終わりです。本章の記述も、そろそろ終わりにしましょう。私は自分のことを愛国者だと思っていますし、対米従属の問題点を指摘するのも、その気持ちのあらわれに他なりません。しかし、これだけ問題点を列挙すると、さすがに気分が憂鬱になります。

冷戦の時代は、ソ連を相手にして米軍に頼らざるを得ないという要素もあって、対米従属は日本固有の現象ではありませんでした。しかし、冷戦後、各国は主権を回復しようとがんばりはじめました。日本はソ連に替わって強大化しつつある中国を相手にしているので、冷戦時代から変化しにくいという話も聞かれますが、南シナ海で中国と軍事的にも対峙しているフィリピンだって、主権を貫こうとして全力をあげているのです。

日本が対米従属から抜け出し、主権国家らしくなっていくには、いったい何が必要なのでしょうか。そこに向かって前進していくためにも、まずは、日本が現在のような状態に陥った「謎」の解明をしたいと思います。

第二章　従属の原点

——日本とドイツの占領の違い

軍事占領というものは、長く続きすぎたり最初から慎重に警戒することを怠ったりすると、どうしても一方はドレイとなり、他方はその主人公の役を演じはじめる。

意味深な言葉です。当事者の言葉ですから、リアリティがあります。誰かというと、あのマッカーサーの言葉なんです（『マッカーサー回想記 下』朝日新聞社、一九六四年）。

そうです。日米関係を考える場合、日本が他の国と異なるのは、第二次大戦で敗北し、アメリカから軍事占領されたことにあります。普通、外国軍隊の駐留を許す場合、実際の関係には従属的なものがあったとしても、建前は主権国家同士がお互いの利益のために、条約を結ぶというかたちをとりますが、日本における米軍駐留の出発点は、そういうものとはまったく異なっていたのです。しかも、その期間に、憲法の制定をはじめ、日本の国家体制の変革が進みました。対米従属といわれる状態が生まれた原点は、そのことにあります。

しかし、そう主張すると、じゃあドイツはどうなんだということになります。ドイツだって、日本と同様に敗戦を味わい、長い軍事占領を経験しました。それなのに現在のドイツは、日本と異なり、アメリカに対しても堂々としているように見えます。先ほど紹介した地位協定問題もそうですが、本書の「はじめに」で論じたアメリカの戦争に対する態度という点を見ても、ドイツは二〇〇三年のイラク戦争にも反対しましたし、冷戦真っ最中の一九八三年に行われたグレナダ侵攻に際しても、「事前の連絡があれば反対した」（報道官）と明言し、「軍事行動の即時停止」（外相）を要求しました。

同じような占領を経験しながら、なぜ違いが出るのか。日本とドイツの相違を通じて、対米従属の原点を探ってみたいと思います。

1　占領期にアメリカの意図が貫かれたかどうか

第一次大戦までの占領の性格

第二次大戦後の日本、ドイツに対する占領というのは、それ以前の占領とは質的に異なる性格のものでした。少なくとも主権国家に対する占領としては異例でした。

一九世紀までは、占領といえば通常は戦時の占領であり、相手国を打ち負かすまで、その領土の一部を占領し、一時的に戦争に必要な要塞、陣地などを構築したりするためのものでした。この場合、戦争に勝利し、戦果（領土や賠償）を獲得すれば、占領地から引き揚げるのが普通でした。

戦争が終了しても占領を続けるという事例は、一九世紀の後半から見られるようになります。ただし、当初は講和条約で約束したもの（賠償など）を確実に実施させることが目的とされ（保障占領）、約束が果たされれば撤退したのです。

保障占領の最初の本格的なものは、おそらく普仏戦争（一八七〇―七一年）後のプロイセン軍によるフランスの占領でしょう。この場合、フランスがただちに賠償金を支払ったので、条約（フランクフルト条約）で定められた五年の期限を待たずにプロイセン軍は撤退します。

保障占領の最大規模のものは、第一次大戦にともなう連合国軍隊のドイツ占領です。多額の賠償を義務づけたベルサイユ条約にもとづいて駐留した連合国軍隊は、段階的に撤退しましたが、最後の部隊が引き揚げるまでには一二年を要したのです。

ただし、これらの占領の目的は、国家体制の変革などではなく、きわめて限定的でした。また、駐留する外国軍隊はその間、占領した国の法令を尊重することが義務づけられました（ハーグ陸戦法規）。

国家体制の変革を目的とした新しい占領

第二次大戦後の日本、ドイツに対する占領は、それぞれ七年（一九四五―五二年）と四年（四五―四九年）。第一次大戦後の連合国によるドイツ占領より、かなり短いものです。しかし、占領の性格は、それまでの占領とは根本的に異なっていました。国家体制の変革が目的とされたのです。占領した国の法令を尊重するどころか、法令を改廃することが目的でした（これを国際法違反だとする議論があり、大事な論点ではありますが、本書の目的の枠外なので論じません）。

日本の場合は、よく知られているポツダム宣言が、占領の目的を述べています。日本からの軍国主義の除去、民主主義の確立などが基本的な内容でした。この目的を実現するために、連合国軍隊が駐留するということになったのです。

ドイツに対する占領の目的を決めたのは「ポツダム協定」（一九四五年八月）と呼ばれるものです。ドイツ国防軍・親衛隊・突撃隊などの武装解除、人種差別などに関わるナチス・ドイツ時代の法令の廃止、戦争政策に関与した者の裁判と追放、過度な資本集中の解体、農業と平和的産業を優先した産業再建などが統治の目的とされました。

こんな目的を持った外国軍隊の駐留というのは、世界史の上で最初のことです。ですから、駐留されている間に、その外国の影響を受けないはずがないのです。そもそも占領国にしても、影響を与えるために駐留するわけです。問題は、影響を与えようとしても、その意図がどの程度、貫かれるかどうかです。そこで日本とドイツは違ったのです。

連合国による日本とドイツにおける占領形態の違いとしてよく論じられるのは、日本が「間接占領」であったのに対して、ドイツが「直接占領」だったということです。日本の場合、政府がポツダム宣言を受け入れて敗戦を認めたため、連合国による支配も、日本政府を通じて行われました。一方、ドイツの場合、ナチスが最後まで抵抗し、連合国によって破壊し尽くされたため、無条件降伏を受け入れる程度の政府機構はありましたが、すぐに解体され、直接に統治されたわけです。

直接か間接かという違いは大きな意味を持つのですが、それは後回しです。まず、直接であれ間接であれ、占領にかけるアメリカの意図が貫かれたかどうかという点で、日本とドイツに大きな相違が生まれたことを紹介しておきましょう。

分割占領されたドイツ

ドイツが連合国に対して無条件降伏したのは、一九四五年五月です。そのドイツの占領体制をどうするかは、四四年一一月一四日には決まっていました。アメリカ、イギリス、ソ連が以下のような協定を結んだのです。

第一条　ドイツに対する最高権力は、アメリカ合衆国、イギリスおよびソビエト社会主義共和国連邦の、それぞれの武装軍隊の最高司令官により、それぞれの本国政府の訓令に基づき、それぞれの占領地区においては各別に、またドイツ全体に関連する問題については共同して、本協定に基づいて構成される最高管理機関の構成員たる資格において、行使される。（「ドイツ管理機構に関する協定」）

難しい文章ですが、要するに、三か国がそれぞれ占領地区を分担して、それぞれの責任で（占領地区の最高権力者は軍政長官と呼ばれました）、それぞれの本国政府の方針にもとづいて統治するということです。ただし、ドイツ全体の問題については、三か国が共同して決めるということになり、三か国による「最高管理機関」は連合国管理理事会と呼ばれました。

これが決まったのはドイツが降伏する半年も前です。この頃はまだ、アメリカとソ連は蜜月状態でした。信頼し合っていたとまでは言えないでしょうが、協力してドイツを降伏させるのだから、占領も対等平等にしよう、お互いの占領地区でどんなことをするかは任せる、ということだったのでしょう。なお、最後の段階でフランスも参加することが合意され、ドイツは実際には四か国で分割して占領されることになります。

アメリカ一国だけが影響を及ぼせる状態ではなかった

分かりやすくするため、四か国が占領した地域を人口別に見てみましょう。最大はイギリスの二二三〇万人で、それにソ連の一七三〇万人、アメリカの一七二〇万人が続き、最後に加わったフランスは五〇〇万人程度でした（これ以外に三二〇万人が駐留したベルリンは四つに分割されました）。つまり、アメリカが自国の方針を貫けるのは、全体の四分の一程度だったのです。

しかも、それぞれの占領地区における動向が、他の地区に影響を与えることもありました。たとえば、ソ連占領地区におけるいち早い政党結成の許可は、その意図が評価できるものだったかは別にして、他の地区におけるそれを促進することになります。また、イギリス占領地区での産業国有化の決定（当時のイギリスは労働党政権だった）が、アメリカの反対でつぶれたこともあります。四か国による統治という方式をとったことにより、いわゆるチェック・アンド・バランスが、ある程度は働かざるを得なかったということです。

　さらに、ドイツ全体の問題を決めることになっていた「連合国管理理事会」は、四か国が一致して運営する方式です。実際、この理事会は、一九四七年三月までの間に、三つの宣言、五三の法令、四つの命令を発したとされます。どこかの国が自分の方針を押しつけることはできませんでした。

　なお、実際にドイツ占領が始まる四五年には、米ソの関係は揺らぎはじめていましたし、四六年になると対立が明白になってきます。アメリカ、イギリス、フランス占領地域は、ソ連に対抗して四七年はじめには経済的に、四八年には政治的にも統合され、ソ連が批判するなかで連合国管理理事会は事実上解散するのです。それがソ連によるベルリン封鎖（四八年六月）へとつながり、米ソ冷戦が開始されることになっていくのでした。


日本の場合はアメリカが排他的に影響を及ぼした

　ドイツに関する以上の経過を見ると、日本とはずいぶん違っていると実感できるでしょう。日本の場合、イギリス連邦軍による広島の県への進駐などの例外はありましたが、事実上はアメリカの単独占領でした。そして、日本が調印した降伏文書によれば、連合国最高司令官（つまりマッカーサー）は、「（ポツダム）宣言を実施する為……一切の命令を発し、且つかかる一切の措置を執る」ことができるとされていました。

ドイツの連合国管理理事会にならって、一九四五年一二月のアメリカ、イギリス、ソ連の外相会議で、対日理事会や極東委員会がつくられはしました。しかし、これもアメリアの手を縛るものにはなりませんでした。

前者（対日理事会）はアメリカ、イギリス連邦（イギリス本国の他、オーストラリア、ニュージーランド、インドを代表）、ソ連、中国が構成員でしたが、最高司令官の単なる諮問機関に過ぎませんでした。日本の基本的統治組織をどうするかなどに関しては、対日理事会と最高司令官の協議が義務づけられていましたが、それが適用されたことは一度もありません。

後者（極東委員会）は、形式的には諮問機関ではなく、占領の政策と原則（軍事・領土問題は別）の作成にあたるとされていました（メンバーはアメリカ、イギリス、ソ連、中国、フランス、インド、オランダ、カナダ、オーストラリア、ニュージーランド、フィリピン）。しかし、アメリカはイギリス、ソ連、中国とともに拒否権を認められており、かつ緊急時にはアメリカの判断で中間指令を出すことができるようになっており、アメリカの優位ははっきりしていたのです。

何よりも、日本を占領したのがアメリカの軍隊だという事実が大きかったのです。実際に支配している者が権力を行使することになったということです。

ドイツ占領の反省から日本を単独占領した

こうして、そもそも占領の初期において、日本とドイツでは、アメリカとの関係に違いが生まれました。この背景にあるのは、米ソの関係がまだましだった時期に占領が開始されたのか（ドイツ）、関係が悪化してから開始されたのか（日本）という、時期的な違いが関係しているように見えます。

しかし、その違いは、時代の流れのなかで、自然に生まれたものではありません。かなり意識的につくり出されたものなのです。

アメリカは、日本より早く降伏したドイツでの占領行政の実際を体験して、他の連合国が占領に関わると自国の意図が貫けないことを実感しました。そこで日本については何としても単独で占領しようとしたのです。

当時のアメリカの陸軍長官スティムソンは、ドイツ占領から二か月後の七月、アメリカがいったんはソ連の対日参戦を求めたが、ソ連参戦なしに対日戦争を遂行するように政策転換すべきだという意見書を、トルーマン大統領に提出しました。その理由としてスティムソンがあげたのが、戦後の占領政策のことを考えると、「日本列島の占領にあたっては、ドイツで行ったような、他の連合国を参加させるという手段をとってはならない」ということでした（Department of States, Foreign Relations of the United States: Potsdam〈II〉, p. 1322-24）。

ドイツで犯した過ちを日本でくり返してはならない。日本をアメリカの意図通りに占領するためには、アメリカだけが占領しなければならない。そういう思惑で開始された日本単独占領でしたから、ドイツ占領と異なってくるのは当然のことだったのです。

2　対米自主性のある人物が支配層になったか

いままで論じてきたのは、日独両国の戦後に影響を与えたもののうち、いわば外的要因に関わるものです。しかし問題はアメリカ側だけにあったわけではありません。内的要因にも目を向ける必要があります。なかでも大きな位置を占めるのは、戦後政治を担うに至った支配層が、日本とドイツでかなり違っていたことです。

どちらも戦争犯罪者は排除されたけれど

日本でもドイツでも、侵略戦争あるいはジェノサイドに荷担した人々が、連合国によって裁判にかけられたり、排除されたことは共通しています。東京裁判、ニュルンベルク裁判が有名です。

それ以外にも、軍国主義者の追放措置がとられました。日本の場合は公職追放として知られるもので、一九四六年一月四日付の「最高司令官覚書」にもとづいて、戦争犯罪者、職業軍人、極端な国家主義団体などの幹部、大政翼賛会などの幹部、膨張政策に関与した金融機関の幹部、占領地の行政長官、その他の軍国主義者が対象となりました。合計で二一万人以上とされます。

ドイツの場合は、「非ナチ化」政策と呼ばれました。これは占領地域によって態様が異なっていたようです。アメリカ占領地区では一三〇〇万人に質問状が送られ、その三分の一が軍国主義とナチズムの根絶をうたったポツダム協定に違反するとされ、一三〇万人が判決を受けたそうです。イギリスとフランスの占領地区ではナチズムの指導者に限って実施されました。西側占領地区の合計で、重罪者二万三〇〇〇人、軽罪者一五万人、追随者一〇一万人という数字も残っています（『世界歴史大系ドイツ史3』山川出版社、一九九七年）。

このようにドイツでも同様の政策がとられたのです。しかしながら、戦後の政権を担った層に目を向けると、日本とドイツでは本質的に異なっていました（もちろん共通点もあります)。まず日本の事情を見てみましょう。

鳩山一郎は公職追放に遭った

一九四六年春、憲法草案が発表され、戦後最初の総選挙が行われます。選挙で第一党になったのは、鳩山一郎を党首とする自由党でした。

第一党の党首が総理大臣になるというのが、戦前からの「憲政の常道」です。鳩山は当然のこととして組閣を開始します。しかし、GHQ(連合国総司令部)が鳩山の過去を問題視し、公職追放処分にするのです。

鳩山は戦前から衆議院議員でしたが、三〇年、日本政府がアメリカやイギリスなどと結んだロンドン海軍軍縮条約をめぐって、軍縮問題に内閣が関わることは天皇の統帥権の干犯にあたるとして政府を攻撃しました。この統帥権干犯問題は、いわゆる軍部の独走に根拠を与え、日本が侵略の道を進むきっかけになった問題であり、GHQが問題視したのも当然だったでしょう。

さらに鳩山は、三三年のいわゆる京都大学滝川事件の際、文部大臣を務めていました。滝川教授の刑法学説が問題だとして、鳩山は教授の罷免を大学に要求し、教授会と学長が拒否すると、文部省の権限で休職処分を強行したのです。日本で言論の自由、学問の自由が奪われていったことに責任がある人物でもあったのです。

吉田茂はどんな政治家だったか

その結果、戦後最初の総選挙の結果をふまえて首相になったのは、吉田茂でした（選出時は政党に属さない貴族院議員）。吉田は、戦後すぐの東久邇宮《ひがしくにのみや》内閣、幣原《しではら》内閣で外相を務めた経験があり、四七年から四八年にかけての一年半ほどは首相の座を譲りますが、五二年のサンフランシスコ条約にもとづく独立を挟んで、最終的には五四年まで首相として君臨することになります。戦後の日本で代表的な政治家といえば、吉田茂の名前をあげることに異論のある人はいないでしょう。

その吉田とはどんな人物だったのか。公職追放された鳩山と異なり、GHQが了解したということは、戦争責任とは無縁な人物だったのでしょうか。そうではないのです。

吉田は戦前からの外務官僚でした。一九二八年に成立した田中義一内閣では官僚トップの外務次官になります。この田中内閣は、いわゆる山東出兵で知られています。当時、中国で内戦が拡大し、南方にいた蔣介石の軍隊が全土を統一するために軍隊を北上させますが、そのことが日本の持っていた山東省の権益を脅かすということで、関東軍その他を出兵させたものです。満州事変以前のことであり、侵略としてカウントされているわけではありませんが、中国の内部問題に軍事力で介入するものであったことは確かです。それを外交面で支えたのが吉田だったわけです。

満州を獲得するためには力を行使せよと主張

外務次官だったから職務として余儀なく支えたというわけではありません。吉田は、外交官として長く中国外交を担いましたが、奉天の総領事を辞めたあと、「対満政策私見」を書いています。そのなかで吉田は、満州を日本の支配下に置くべきであり、そのためには中国との親善という手段ではなく、「躊躇逡巡」することなく国力を発動すべきであるなどと、軍部と同じような主張をしていました。

対満政策従来の病竇は、政策の目標を誤れるにあらず。その実行の手段方法の過てるなり。満州経営によってもってわが国民生活の安定を計らんとする国策の遂行を国力自体の発動に求めずして、一にこれを空漠なる日支親善に求むるの結果、我上下を挙げて支那側の機嫌取りにのみ汲々たらしめ、ついに自屈に陥て自ら覚らざるにいたれるのみならず、事大主義なる支那人をしていたずらに驕慢ならしめつつあり。もとより支那側の善解好意を求むべきは当然ながら、これ国力自体の発動を覚悟しての後なるべきものにして、他国領土に国力の伸展を企画するにあたり、相手方国官民の好意にのみ訴えて成功せる国際の例あるを知らず。また国力進展を計らんとする国策の遂行にあたり、相手方に不評なればとて躊躇逡巡すべきにあらず（ジョン・ダワー『吉田茂とその時代（上）』TBSブリタニカ、一九八一年）

外交官らしい言葉遣いへの「配慮」はあります。しかし、相手の「好意」に訴えても成功した例はないのだから、「国力の伸展」をすべきだということは、この時代ではまさに武力を行使する以外のことではありませんでした。

軍国主義者の吉田が首相になれたワケ

どこからどう見ても、吉田は中国侵略を遂行した側の人間でした。A級戦犯とまでは言いませんが、鳩山一郎と同様、軍国主義者として公職追放の対象になってもおかしくなかったのです。

それなのに、なぜ鳩山と違って、追放されるどころか、占領下で首相の座を長く務められたのか。それは吉田が、中国は侵略してもいいが、強大な力を持つアメリカとの戦争だけは避けようとしたという実績があったからです。逆らってはならないラインがどこにあるか、冷静に判断できるリアリストではあったのです。追放されないことと引き替えにアメリカに忠誠を誓ったというような都合のいい話は残っていませんが、アメリカに逆らえば、軍国主義者としてのみずからの評価が問題になってくることを、当然のこととして承知していたのです。

実際に吉田は、自分の考えを常に占領軍に合わせていきます。占領軍が「民主化」措置をとっている間は、それに合わせて新憲法を作成し、九条は自衛権を否定したなどとまで主張しました。ところが、いわゆる「逆コース」が始まると、今度はそれに合わせて再軍備を主導し、国家が自衛権を有するのは当然であるとして、態度を一八〇度転換させることになります。ある研究者は、吉田を次のように評しています。

> 吉田の治政を貫くものは恐ろしいまでの志の低さである。支配者の見解が変わると彼はエージェントとしてためらいなくそれに従う。（袖井林二郎『占領した者された者』サイマル出版会、一九八六年）

共産主義との対決という点でアメリカと同調して

このような立場が、吉田の個人的な資質に属するだけのものではなかったことが、戦後日本の保守政治の大きな問題です。ほとんどの政治家、官僚が多かれ少なかれ侵略戦争に荷担していた状況のもとで、公職追放の対象にならないためには、あるいはいったん追放されたあと、政治家として復権するためには、アメリカに忠誠を誓うことが不可欠の条件だったのです。

アメリカが日本を目下《めした》の同盟者として復活させる政策をとって以降、多くの戦犯、公職追放者が復権してきます。この時点についていえば、戦前の侵略行為への反省は、表向きであっても求められず、復権した者が政権の中枢についていきます。

鳩山一郎は公職追放を解除され、吉田の次の首相になりました（五四年）。その鳩山内閣の外相は、実際の戦争責任があったのかどうかには議論がありますが、A級戦犯として禁固七年の判決を受けた重光葵《まもる》でした。そして、わずか六五日の任期で病に倒れた石橋湛山《たんざん》に替わり、五七年、次の首相になったのがA級戦犯容疑者として巣鴨拘置所につながれたこともある岸信介《のぶすけ》だったのです。

この時点でのアメリカの唯一の基準は、共産主義との対決という目標を共有できるかどうかでした。岸も鳩山も吉田も、その点では揺るぎないものを持っていたわけです。そして彼らは、共産主義との全面対決を勝ち抜くとすれば、強大なアメリカに従うしかないことも、リアリストとして自覚していたでしょう。

こうして、戦後の出発の原点において、日本には対米従属という構造が埋め込まれることになりました。しかもそれは、戦前の侵略への無反省と一体のものでした。「売国」と「戦犯」が原点において結合するのです。

吉田茂の評価について

とはいっても、先ほど引用した吉田茂に対する研究者の見解は、ちょっと（かなり？）言い過ぎだとは思います。何しろ、過去の日本が体験したことのない時代です。世界でも稀有な時代でのことです。過去に責任がある者をすべて公職追放しようとしたら、政権を担えるのは出獄してきた共産主義者しかいないというような時代でした。

アメリカも吉田も、そうはしたくはない。吉田としては、共産主義に対抗するために日本を取り入れようというアメリカの思惑を利用しつつも、全体としてはアメリカに歯向かわず、アメリカの変化に合わせて、自分も対応していくというやり方をとったわけです。

吉田はリアリストとして、非武装の日本は非現実的だという気持ちは、ずっと持っていたことでしょう。だから、心の中では憲法九条を困ったものだと思っており、その後、日本を再軍備させるとアメリカが政策転換したことについては、心から歓迎したことでしょう。

一方で、再軍備が過大なものになると、日本の経済復興の邪魔になるし、まだ侵略の悪夢が去らないアジア諸国にも受け入れられないという自覚も頭をもたげたわけです。日本が犯した誤りの根源がどこにあったのか、外務省に対して調査研究をさせたような人ですから、同じようなことをくり返してはいけないという気持ちも持っていました。

サンフランシスコ条約の調印を終えて帰国した吉田に対し、若手代議士だった松野頼三（のちの農相）が、米軍が駐留するのに独立国といえるのかと問いただしたそうです。それに対して吉田がアメリカを「番犬」扱いする答えをした記録が残っています。

世界は裸で歩ける情勢ではないし、日本はまだ自分で防衛する力を持たない。駐留軍というが、番犬と考えればいいのだ。しかも経費は向こう持ちだよ。君たちは考えがプア（貧弱）だね（『１００人の20世紀〈下〉』朝日新聞社、二〇〇〇年）

実際、アメリカが求める過大な再軍備要求をはねつけた経過を見ると、ただただアメリカに忠実だったという吉田像とは異なるものが見えてきます。アメリカと真正面から対決することはできないけれど、そのなかで日本のあり方を構想し、それに向かって進みたいという気持ちは見えてくる。その点だけは指摘しておきます。

ドイツの戦後指導者は反ヒトラー

ではドイツの事情はどうでしょうか。日本と同じなのか、違うのか。

日本では中央政府が存続し、占領軍による統治は、日本政府を通じた間接統治という形態をとりました。それが、いままで見てきたように、アメリカの意図を貫ける人物を指導者とすることにより、対米従属という構造をつくることになりました。

一方のドイツは、中央政府が崩壊していたので、連合国軍隊は四年間にわたる直接統治に踏み切ります。西ドイツ部分では、地方政府については、まずは地方政府指導者を占領軍の軍政長官が任命し、その後、選挙を通じてつくられるようになります。さらに、こうしてできた地方政府との協議を通じて、一九四八年には憲法（基本法）制定議会が招集され、四九年に憲法が制定されるとともに中央政府が再建されるのです。

この時点で占領軍政府は解散し、その権限の一部は新設された「連合国高等弁務府」に移されます。西ドイツ政府は立法、行政、司法の権限を回復するのですが、外交や国防、賠償、戦争犯罪人の処遇などの権限はまだ西側連合国に留保され（西ドイツは外務省も国防省も持てない）、安全保障などのために必要な時には、西側連合国が全部または一部の権限を行使できるとされました。これらの権限をドイツが行使できるようになるのは、あとで述べるように五五年のことです。
それにしても、四九年に政府ができたので、ようやくドイツ人の首相が誕生します。ドイツ（本書ではこれ以降、西ドイツのことであってもドイツと呼ぶことがあります）で最初に首相になり、かなり長く務め上げたのは、コンラート・アデナウアーという人です（在任：一九四九—六三年）。

反ヒトラーの立場なので連合国とも対決できる

アデナウアーは、第一次大戦後の民主ドイツを象徴するワイマール憲法のもとで、一九一七年から三三年まで、ケルンの市長を務めました。二二年からはプロイセン枢密院議長を兼務します。

このアデナウアーは、目の前でナチスが台頭することを苦々しく思っていたようです。市役所にナチスの旗を掲げよという要求を拒絶したり、ナチスの支持者が演説会向けにナチスの旗を掲げたのを撤去したりして、ナチスの反感を買います。そして、三三年に政権を握り、ケルンを訪問したヒトラーとの握手を拒否したことをきっかけとして、ケルン市長とプロイセン枢密院議長の座を追われることになりました。

そうなのです。以上の事実で明らかなように、アデナウアーは、連合国によるニュルンベルク裁判や「非ナチ化」の対象になるような人物ではありませんでした。それどころか、ナチスに反対した立場が評価され、首相になるのです。日本と異なり、戦前の自国の行為を否定する立場に立つ者が、ドイツの戦後政治を担うことになったのです。

そういう人物ですから、連合国による統治の間も、過去の言動をとがめられる立場にありません。堂々としていられます。実際、アデナウアーは、連合国統治期にケルンの市長となりますが、フランスの協力を得てラインラントに独立国家をつくろうとしたとして、現地司令官（イギリス軍）と対立し、就任後半年で解職されたりします。しかし、だからといって、追放の対象になるような過去の問題はありません。解職は三か月で解かれ、市長に復帰し、さらには首相となっていくのです。アメリカが共産主義との対決へと重点を移してからは、同じ信条を持つ者として、アメリカとの協力関係を深めることになります。

社会民主党も同じだった

ナチスに反対した者が戦後政治を担うことになったというドイツの特徴は、アデナウアーの個人的なものではありませんでした。アデナウアーのキリスト教民主党にならぶ大政党であった社会民主党（社民党）は、さらに強固な反ナチ勢力でした。

戦後の初代党首のシューマッハーはファシズム期に一二年間、強制収容所に入れられた過去を持っています。一九四九年に創設された連邦議会では、社民党のレーベが開会演説を行いましたが、彼はワイマール共和国の国会議長として、ナチスと正面から対決し、シューマッハーと同じく強制収容所を経験した人でした。

社民党党首として戦後はじめてドイツの首相になるのは、ブラントです（在任：一九六九―七四年）。ブラントは、三〇年に社民党に入り、ナチス政権の迫害を逃れてノルウェーに亡命していた人物でした。

「非ナチ化」は終了したが政権の主流にはならず

ドイツでも独立の過程において、「非ナチ化」の解除が問題になります。日本で公職追放が解除されたのと同じです。この過程で、ドイツの過去を懐かしむ声が広がり、過去に責任のある多くの人物が復権してくるのです。

ドイツ連邦議会は、早くも一九五〇年末、「非ナチ化」の終了を宣言します。九九％以上の人々が追放解除されたそうです。四九年に制定された憲法（基本法）は、占領下で失職した公務員の復職規定を設けていましたが（第一三一条）、これを具体化した「一三一条執行法」は、非ナチ化で失職した五万五〇〇〇人の公務員のうち、ゲシュタポと武装親衛隊を除いて全面的に復職させるものでした。

さらに問題になったのは、占領下で有罪判決を受けた者の恩赦です。五〇年の秋には、中央政府ができて以降はじめて、戦犯の死刑執行が予定されていました。これに対して死刑を禁じた憲法規定などを根拠にドイツの政府、諸政党が反対し、戦犯の一部が恩赦を受けて解放されます。その後、この過程は五〇年代末まで続くのです。戦前、ドイツ軍の幹部だった者は、連邦軍に復職することになっていきます。

ただ、こうした過程は日本と似てはいますが、ドイツでは、戦争犯罪者とされた人物が政権の主流となるようなことはありませんでした。最初の選挙で選出された議会には、ナチ党員歴を持つ議員もいたそうですが、議員の八割は戦前からの反ナチ政党に所属する人々だったのです。

こうして戦後のドイツ支配層は、共産主義と対抗して西側の勢力圏を維持するという点では、日本の戦後支配層と同様の思考の枠内にいました。しかし、戦前の自国の行為に対しては、その強弱はあっても反対する立場の人たちが主流でした。もちろん、ドイツの過去への反省は、この時点ではまだ萌芽的なものでした。その後のいろいろな葛藤を経て、より本格的なものになっていきます。しかし、ドイツ政界の主流を担った人々のなかには、過去の問題はなかったし、それゆえアメリカに対して卑屈になるような要素もなかったということが、日本との大きな違いなのです。

3　独立と同盟への過程でも違いが広がる

連合国による占領を経験した日本とドイツですが、やがて独立への過程を迎えます。独立にともなってアメリカとの軍事面での協力関係を結ぶようになる点で、両国は共通しています。しかし、両国が体験したその過程、そこで直面した問題には、かなり違ったものがありました。

そもそも、日本が結んだ日米安保条約は、西ドイツが加盟することになったNATO条約とは、本質的に異なる面があります。旧安保条約は、敗戦して占領されていた日本が、支配者であるアメリカの求めに応じて強制されたという性格を持っています。一方、NATO条約は、戦勝国であるイギリス、フランス、ベネルクス三国が、主権国家としての判断でアメリカに要請して締結したものです。ソ連に対抗するのにアメリカなしにはできないという弱みがあり、それが対等平等という建前を弱めることになったとしても、主権国家同士の条約だったのです。

敗戦国であるドイツは、戦勝国がつくった同盟にあとから加盟したので、法的にはほとんど同じ権利・義務を持つことになりました。しかも、同盟に組み入れられる過程が日本とドイツでは大きく違ったので、米国との関係という点でも違いを生み出すことになったのです。

ブリュッセル条約機構の特徴

日本は一九五二年四月二八日に独立しましたが、その同じ日に「日米安保条約(旧)」が発効し、アメリカとの軍事的な関係をつくったことは、よく知られています。だから日本人は、ドイツも同じような経過をたどったと思いがちですが、そうではありません。

いわゆる西ドイツの建国は一九四九年五月二三日です。ソ連を除くアメリカ、イギリス、フランスの占領地域において、アデナウアーを首相とし、首都をボンに置いて、ドイツ連邦共和国臨時政府が発足したのです(一〇月七日に東ドイツ＝ドイツ民主共和国も成立)。

一方、NATOが成立したのは同じ四九年の四月四日。ドイツがすぐにNATOに入っていれば、日本とほとんど同じタイミングでアメリカとの軍事関係を構築したことになりますが、現実は異なります。ドイツのNATOへの加盟は、何とそれから六年も経過した五五年一一月のことでした。

なぜ六年ものブランクがあるのか。

ヨーロッパでは、戦後の軍事同盟のつくられ方に特有のものがありました。まず四八年三月、イギリス、フランス、ベルギー、オランダ、ルクセンブルクの五か国により、ブリュッセル条約機構（正式名称は「経済的、社会的及び文化的協力並びに集団的自衛のための条約）がつくられます。ドイツどころかアメリカも入っていません。しかも、この条約の目的は、「ドイツによる侵略政策が蘇った時」（前文）に必要な措置をとるというものでした。

当時のヨーロッパは複雑な状況下にありました。すでに冷戦のきざしは見えており、西側諸国はソ連の脅威を感じてはいます。しかし、それを露骨に条約に明示するほど関係が悪化していたわけではありませんし、同時に、実体験したばかりのドイツによる侵略の恐怖がぬぐい去られたわけでもなく、ドイツの軍備を制限すること（占領下では小規模な国境警備隊や機雷掃海部隊以外の部隊を持つことは許されていなかった）が現実的には当面の課題だったのです。その結果がブリュッセル条約機構でした。

ドイツのNATO加盟へのハードル

一九四八年六月にソ連によるベルリン封鎖が開始されると、ブリュッセル条約機構加盟国は、ソ連を仮想敵とし、アメリカをヨーロッパに迎え入れる軍事同盟の必要性を自覚します。こうして四九年にできたのがＮＡＴＯでした。

ソ連と対抗しようというわけですから、西側が分裂してはなりません。ということでドイツをNATOに迎え入れることが焦眉の課題となります。ドイツの軍備を制限するわけにはいかないので、五〇年には再軍備を許すことにします。

しかし、幾度となくドイツとの戦争を経験したヨーロッパ諸国、とくにフランスは、ドイツが無制限に軍備を保有し、NATOに加盟することを懸念していました。そこで、フランスが提唱したのが、欧州防衛共同体構想でした。これは、超国家的な汎ヨーロッパ防衛軍をつくり、再建されるすべてのドイツ軍をそこに組み入れ、ドイツ軍を指揮できるのはその統一司令部に限る（ドイツは自国軍隊を指揮できない）というものでした。この構想をもとにして、いったんは「欧州防衛共同体（EDC）設立条約」（一九五二年五月）も結ばれます。

ところがこの条約は、みずからの主権も制限することになりかねないという懸念を抱くフランス議会の反対で、結局は日の目を見ずに終わります。そこで今度は五四年、ブリュッセル条約のドイツ条項などを改正し、「侵略行為に対抗するさいには相互に支援を実施する」ことなどを目的に、NATOとの協同を掲げる「西欧同盟（WEU）」をつくり、それにドイツを参加させるという方式がとられます。この条件でフランスもドイツ再軍備を認めます。

こうして五五年五月、ドイツは主権の最終的な回復を宣言するとともに、西欧同盟の一員としてNATOに加わることになったのです。同時にこの年、ドイツ連邦軍がつくられることになります（なお現在、西欧同盟はEUの発足にともない解消されている）。

ドイツが欧州で受け入れられたワケ

NATOは日米安保条約と同様、ソ連を仮想敵としたアメリカが、全面的な軍事対決を想定してつくったものです。本質がそこにある点では安保条約と変わりはありません。

しかし、いま紹介した過程を見れば分かるように、NATOにドイツが組み込まれる経緯は、アメリカの意図がストレートに貫かれるというものではありませんでした。フランスをはじめ欧州諸国の賛成がなければ、アメリカといえども、自国の思惑通りにドイツのNATO加盟を進めることは不可能でした。

別の側面から見ると、この過程において、ドイツは侵略の過去への反省を問われます。再軍備によって再び脅威になることがないのかという欧州の懸念に対して、ドイツはどう応えるのかということです。日の目を見なかったとはいえ、「欧州防衛共同体」にドイツが同意を与えたということは、再軍備によってつくられるドイツ軍に対する指揮権を放棄してもよい、欧州諸国がドイツ軍を指揮してもよいという、ドイツの覚悟を示すものでした。

そこまでの覚悟を見せることによって、ドイツは戦後の欧州に受け入れられたのです。NATOへの加盟も許されることになったのです。この「許される」という感覚が、日本とアメリカの安保条約とは質的に異なるものだと思います。

独立と安全保障がセットになる

では、日本の独立と旧安保条約の締結への過程には、どんな特徴があるのでしょうか。NATOへの加盟を「許された」ドイツと比較しながらそれを見てみましょう。

アメリカに占領された日本ですが、いつまでも占領状態が続くわけでないことは明白ですので、連合国との間で平和条約を結んで独立する日がくることを想定し、政府も早くからいろいろな準備を開始します。アメリカの対日政策が「民主化」から「逆コース」に変わっても、当初は、独立は独立であって、それにアメリカの対ソ戦略がからんでくることは想定していませんでした。当時、外務省の条約局長を務め、アメリカとの独立交渉を担った西村熊雄が、以下のように証言しています。

一九四九年の秋ぐらいまでは、私ども――というか外務省全体がやった講和会議の準備作業は、きわめてやさしいものでした。なぜならば、われわれの眼前にはポツダム宣言があり、降伏文書があり、極東委員会の対日基本政策があり、しかもこの三つの根本的文書に従って新日本の建設が着々と進められていっています。国内では憲法も制定されています。ですから、講和条約の準備と申しましても、……条約において、独立回復後において日本に対する拘束を少しでも少なくすべきであるか、ということに尽きるわけでありまして、日本の安全保障をどうすべきかということは、問題にする余地はなかったわけです。（「日米安全保障条約の成立事情」、日本国際問題研究所・鹿島研究所『日本の安全保障』所収）

つまり、平和条約を結ぶに際して、安全保障がからんでくることなど想定していなかったのです。ところがアメリカは、独立した日本を、みずからの対ソ戦略に組み入れようとします。以下は西村証言の続きですが、「（日本を）米英陣営の防衛体制の一環として取り入れよう」としたのです。

ポツダム宣言、降伏文書、極東委員会の対日基本政策に定められている戦後対日処理の根本——領土条項を別にして——を御破算にして、日本を　おらにヨーロッパではドイツを——自分らの安全保障体制の中に組み入れる、要するに共産圏諸国を除外する他の連合国だけで日本に独立を回復させて、軍事制限条項を置かないで再武装させ、また経済的にも強大に一日も早くならし、そうして平和条約締結と同時に米英陣営の防衛体制の一環として取り入れようという百八十度の方向変換がありました(同前)

独立後も日本を「直接的または間接的」に支配

この結果として日本では、共産圏諸国も含む「全面講和」か、それら諸国を除く「単独講和」かという大論争が展開されていくわけです。そのどちらが正しかったかは、本書の直接のテーマではありませんのでここではふれません。

いずれにせよ「方向変換」したアメリカは、無条件に日本を独立させるという考えは、もう持ちませんでした。日本が対ソ戦略の基地になるという条件つきなら独立させるということです。統合参謀本部が一九四九年六月に作成した報告では、独立後も日本を「直接的または間接的」に「支配」するという表現を次のように使っています。

日本列島は、主要には北太平洋における貿易ルートに関して、日本海、東シナ海、黄海の出入り口にあたるという地理上の位置により、極東における合衆国の利益にとって、戦略的な重要性を有している。……合衆国が日本列島を直接的または間接的に支配すれば攻撃ないしは防御の行動にとってきわめて重要な戦略基地をソ連のものとさせないばかりでなく、戦争が勃発した場合に、われわれがソ連を初期の段階で駆逐し、最終的には日本海および黄海ならびに東シナ海を支配下におき、中立化するための戦略的前哨基地をわれわれに提供することになるであろう」（Department of States, Foreign Relations of the United States: 1949, Vol. 7, p. 774、傍線は引用者）

翌年九月、国務省と国防総省が共同で大統領に提出した覚書では、「対日平和条約に関して以下の諸点で合意した」として、いくつかをあげています。そこでは、「その条約は、いかなる場所にも、いかなる期間でも、いかなる規模のものであっても、日本に軍隊を維持する権利を米国に対して与えるものでなければならない」（前出、1950, Vol. 6, p.1294）とまで述べられています。悪名高い「全土基地方式」というわけです。

「直接支配」を受けたのが沖縄

占領した国をソ連と対決するための防波堤にするという点では、アメリカの意図は、日本に対してもドイツに対しても同じだったでしょう。アメリカは、ドイツには二十数万の米軍を配置しましたから、数万にとどまった在日米軍よりもはるかに大規模だったのです。

しかし、実際の過程を見れば分かるように、ドイツの独立は周辺諸国との関係のなかで、いろいろな影響を受けざるを得ませんでした。さらに加えて、日本とドイツがもっとも異なっていたのは、占領後に「直接支配」があったかなかったかです。そうです。日本の場合、沖縄が「直接支配」されたのです。

サンフランシスコ条約（第三条）は、沖縄を国連の「信託統治制度」のもとに置くと述べています。同時に、それをアメリカが国連に提案するまでの間は、アメリカが「行政、立法及び司法上の権力」を持つとしました。

「信託統治」というのは、国連憲章第七六条の「基本目的」で規定された「自治または独立に向っての住民の漸進的発達を促進すること」という表現でも分かるように、まだ独立するだけの力がないから、住民が「漸進的発達」するまでは外から統治しようという制度です。ずいぶんと他国民をバカにした制度ですが、さすがに過去独立していた地域は対象になりませんでした。沖縄のように独立国の一部を「信託統治」するなんて、常識的にあり得ないことでした。

しかも、アメリカは結局、この条項にもとづき沖縄の信託統治を国連に提案することもありませんでした。サンフランシスコ条約の規定にもとづき、国連に提案することなく、

「行政、立法及び司法上の権力」すべてをアメリカが行使する道を選んだのです。

アジア諸国は不満を抱えたままで

ドイツの独立は、共産主義との対抗が主要な推進動機になっていましたから、ソ連などが反対に回ったのは当然です。日本の独立についても同じです。

一方、ドイツの独立が、共産圏を除くと、ドイツが侵略した周辺諸国の理解の上で進んだことは紹介しましたが、日本の独立はそうではありませんでした。共産圏のみならずアジア諸国の懸念を押し切って進められたのです。

一九五〇年一一月、アメリカ政府は「対日講和七原則」を公表します。これは、「(講和条約の締約国は) 戦争行為によって生じた請求権を放棄する」として、日本に賠償を求めないという立場のものでした。ソ連に対抗するため日本の力を削いではならないからでした。当時、中国は別にして、アジア諸国の多くも共産主義への警戒感を持っていました(非同盟中立のインドネシアなどを除く)が、いくら共産主義に反対するといっても、日本の侵略責任をあいまいにすることには反発しており、原則の修正を求めます。

結果として、平和会議にかけられる草案では、「戦争中に生じさせた損害及び苦痛に対して、連合国に賠償を支払う」とされます。しかし一方、「(日本の) 存立可能な経済を維持すべき」範囲でいいとして、いわば余力の範囲に収まるもので構わないとしたのです。

ビルマ（現・ミャンマー）は、この条項への不満から、そもそも会議に代表を送りませんでした。インドネシアは、条約に署名するかどうかは留保しつつ参加するという態度をとり、日本が二国間で賠償交渉を行うと表明したため、署名することにします。しかし、国民の反発が強く、条約が批准されることはありませんでした。

インドも、サンフランシスコ会議に招請されましたが、条約案に反対し、参加を拒否しました。反対理由は、沖縄を信託統治することは日本人の不満を高めて紛争の種になること、独立とともに日本とアメリカが安保条約を結ぶことが示唆されているが、これは主権国家としての決定とは思えないことなどでした。

中国問題ではイギリスまでだまして

平和条約といえば、戦争状態を法的に終わらせることを確認するためのものですから、侵略した国とされた国が結ぶべきものです。ですから、日本の侵略の最大の被害国である中国をどうするのかということは、サンフランシスコ会議の大きな焦点でした。

共産主義に対抗するというアメリカの目的からすれば、会議に招請すべきは、台湾に追いやられた中華民国でした。一方、イギリスは、中華人民共和国を招請すべきだとの立場をとりました。大陸を実効支配しているのは中華人民共和国だというスジ論もありました し、台湾を立てることによって香港における権益を失いたくないという実益論からも、そういう立場だったのです。

実際にはアメリカと日本による秘密の合意があって、日本が関係を持つのは中華民国だけということが決まっていました（実際にもそうなりました）。しかしそれでは、イギリスをはじめ中華人民共和国を支持する国の理解が得られません。そこで表向きは、どちらも招請せず、どちらと個別に平和条約を結ぶかは、会議後に日本に任せるという装いをとることになります。

アメリカはそのためにイギリスをもだましたようです。ジャーナリストの大森実氏が、ダレスの補佐官として日米交渉に携わったアリソンに聞いたところ、次のように答えたというのです。

> 彼は最初の非公式の合意を吉田からとりつけた時点でこれを秘密にしていたわけで、道義的にいうとすれば、ダレスは間違っていたかもしれませんね。英国を騙したわけですから。しかし、ダレスにしてみると、当時彼は堅い確信をもっていたわけです。これを秘密にしておかない限り、対日講和はできない。（大森実『戦後秘史』第九巻

「講和の代償」講談社、一九七六年）

「寛大なる平和条約」のツケ

アメリカはイギリスをだますまでして日本の独立を急いだわけです。そういう点も象徴するように、日本の独立というのは、ドイツの独立と異なり、やはりアメリカ一国の意図が貫かれたものだったと言えるのでしょう。

そして、日本もまた、それを望みました。吉田首相がサンフランシスコ会議において、議論されている条約の内容を捉えて、「寛大なる平和条約」と表現したことはよく知られています。

> ここに提示された平和条約は、懲罰的な条項や報復的な条項を含まず、わが国民に恒久的な制限を課することもなく、日本に完全な主権と平等と自由とを回復し、日本を自由且つ平等の一員として国際社会に迎えるものであります。この平和条約は、復讐の条約ではなく、「和解」と「信頼」の文書であります。日本全権はこの公平寛大なる平和条約を欣然受諾致します。
>
> 過去数日にわたってこの会議の席上若干の代表団は、この条約に対して批判と苦情

を表明されましたが、多数国間における平和解決にあっては、すべての国を完全に満足させることは、不可能であります。この平和条約を欣然受諾するわれわれ日本人すらも、若干の点について苦悩と憂慮を感じることを否定できないのであります。

この条約は公正にして史上かつて見ざる寛大なものであります。（「サンフランシスコ平和会議における吉田茂総理大臣の受諾演説」一九五一年九月七日）

確かに「寛大」だったのかもしれません。アメリカにくっついたほうが、アジアに謝らなくてもいいし、賠償も値切ることができるし、軍備の制限のような主権制限もされないわけですから。しかし、そういう道が、アジアとの関係を困難に陥らせ、アメリカとは対等に渡り合えない関係を生み出したとしたら、「寛大」さのツケは果てしなく大きかったとも言えるでしょう。

第三章　従属の形成

――「旧安保条約の時代」の意味

前章では、従属の原点を探りました。敗戦後の七年間の占領というもの、そしてそれが日本特有のものであったことが、現在にいたる従属の原点となっているという問題でした。

次に明らかにしたいのは、独立後、旧安保条約下の九年間が持った意味です。この時期の米軍駐留は、条約にもとづくものだったという点では、独立した日本がみずから選んだはずのものでした。しかし、それは建前に過ぎず、実態は独立とはほど遠かったのです。

しかも、旧安保条約下の九年間は、かたちの上では独立していたということが、より深刻な問題を生んだのではないかと思います。なぜかといえば、占領下にいろいろ従属状態があっても、「それは占領下だから仕方がないのだ」ということになるわけですが、独立後に同じようなことがあると、「それは主権国家となった日本が選んだことだ」ということになるからです。

当時の日本は、いわば「主権国家の体裁をとった従属国家」とでもいうべきものでした。NATO諸国でNATO条約の改定など問題になりませんでしたが、日本では旧安保条約の改定が保守勢力の悲願となったことは、その九年間が世界的にも稀有なものだったことを示しています。このことは、その後、日本の針路に影を落とすことになっていきます。

1　マッカーサーが与えた「エジプト型の独立」

旧安保条約が保守勢力からさえ屈辱的なものとみなされていたといっても、その時代を生きたわけでもない世代にとっては、なかなか実感できないでしょう。そこで、この時期の米軍駐留の特殊性というものを、世界史的な比較を通じて論じたいと思います。

歴史上、主権国家同士の軍隊駐留はあった

私たちは、現在の日本と欧州諸国を比べてみて、ともに発達した資本主義国であり、ともにアメリカの同盟国として条約を結んでいることもあり、米軍駐留の性格も同じようなものだと思いがちです。もちろん、そこに共通点があることは確かです。しかし、主権国家が外国軍隊の駐留を受け入れるといっても、歴史上、そのタイプにはいろいろな違いがあったことを、まず知っておかねばなりません。

過去の歴史を見ると、現在のＮＡＴＯのように、主権国家が自分の判断で、自国の利益

のために外国軍隊を受け入れることがありました。その典型的な事例は、一九世紀に興隆した「軍事同盟」に見られるものです。教科書にも出てくる「神聖同盟」、「三国同盟」などが代表例です。

この場合、同盟の当事者となったドイツ、フランス、イギリスなどの主権国家は、第三国を攻めたり、あるいは第三国からの攻撃を打ち破るため、もしくは自国内の革命運動を抑圧するため、相互に援助し合うことを約束しました。当時、平時に外国軍隊を受け入れるのは主権国家としてはあり得ないこととされていましたが、戦争が起きた時は、同盟国に軍隊を派遣したり、逆に軍隊を受け入れたりすることが、当然のこととして予定されていたわけです。

こうした軍隊駐留は、いわば「同盟タイプ」とでも名づけることができるでしょうか。主権国家同士の軍隊駐留です。

なお、主権国家同士の平時の駐留も、数は少ないけれど存在していました。イギリス連邦諸国が相互に軍隊を駐留させることがあったからです。この事例はあとで取り上げることになります。

従属型の駐留も各種存在していた

一方、それとは異なったタイプの外国軍隊駐留も、様々なかたちで存在していました。いくつかあげてみましょう。

一つ。宗主国による植民地への駐留です。これは無数にありましたが、本書がテーマとする主権国家への駐留ではないので、具体例までは紹介しません。「植民地タイプ」と名前だけつけておきます。

二つ。他の国に武力によって押しつけるような駐留です。代表的なものとして、日本も関わっていましたが、一九世紀半ばから二〇世紀前半にかけての、中国における列強の駐留があげられるでしょう。アヘン戦争の結果としてイギリスが押しつけた一八四二年の南京条約にもとづくイギリス軍駐留に始まり、一九世紀末の各種の租借条約による租界への駐留を経て、一九〇一年の義和団事件最終議定書にもとづく北京駐兵にいたる軍隊駐留です。植民地ではないにせよ、「半従属国」（レーニンの『帝国主義論』の規定）への駐留ともいえるものでしたが、列強の目的は中国における権益の獲得でしたので、今の日本への米軍駐留と同列に置いて比較することはできません。「半従属国タイプ」とでも呼びましょう。

三つ。戦争して相手国を占領し、戦争が終了しても駐留を継続するというものです。今の日本と似ている感じがしますが、この代表例は、前章で紹介した第一次大戦後のドイツへの駐留です。駐留する軍隊の特権は、「ライン地域の軍事占領に関する協定」で詳細に規定されました。日米安保条約と地位協定のような関係です。ただし、連合国が軍隊を駐留させる目的は、ドイツから賠償を取り立てることを確実にするためですから、これも現在の日本と同じだとは言えないでしょう。「敗戦継続タイプ」とでも名づけておきましょう。

「エジプトにおける英軍……と同様の性格」に

日本における米軍駐留は、以上紹介したどれとも少しずつは似ていますが、同じではないようです。ならば、どんなタイプなのでしょうか。

この点で興味深いことは、マッカーサーの言明です。彼は、日本の独立を「エジプトタイプ」と位置づけていたのです。

二〇〇二年八月五日、「朝日新聞」が、占領期において昭和天皇とマッカーサー会見の通訳を務めた外交官・故松井明氏（一九〇八―九四年）が書き残したメモを公表しました。敗戦の約一か月後から独立直前まで、両者の会見は一一回にも及びましたが、何が語られたのかはそれまで断片的にしか知られていませんでした。「朝日新聞」によれば、松井氏は第八回から第一一回という、占領が終わりに近づきつつある時期の通訳を担当したのですが、その記録を一問一答方式で残していたのです。

この記録には、多くの興味深い事実が書かれていますが、占領末期ということで、独立後の日本のありようについてのマッカーサーの考えが分かることが大事です。とりわけ本書の主題との関係で大事なのは、独立後の米軍駐留の性格に関するマッカーサーの発言です。手記によれば、マッカーサーは、日本の独立後に駐留する在日米軍について、「エジプトにおける英軍……と同様の性格のものとなりましょう」と述べたそうなのです。

「同盟」条約の相手で、国際連盟にも加盟していたが

突然、「エジプトにおける英軍」と言われても、ピンとこないでしょう。マッカーサーに替わって解説しておきます。

第一次大戦直後のことです。エジプトはイギリスの直接支配下にありましたが、ベルサイユ講和会議への参加を希望します。第一次大戦に勝利したいイギリスは、エジプトに甘言を弄して戦争に動員しましたから、独立への期待が高まったのです。しかしイギリスがこれを拒否したため、反英独立運動が高まります。直接支配をあきらめたイギリスは、一九二二年にエジプトの独立を認めますが、これがまったく形式的なものであったため、独立運動がさらに高揚していきます。

こうして一九三六年、「イギリス・エジプト同盟条約」が結ばれます。この条約は、五〇年に及ぶイギリスの軍事占領を終わらせ、両国の対等性を確立するとともに、戦時には相互に援助し合うことをうたっていました。条約名にもあるように、エジプトはイギリスの「同盟国」という位置づけです。エジプトは、国際連盟にも加盟するなど（三七年）、主権国家の形式をととのえました。

同時に、イギリスは条約の付属書で、エジプトに独立を与えるのと引き替えに、軍隊駐留の権利を獲得します。スエズ運河地帯に陸軍一万人、空軍四〇〇人を駐留させることが明記されたのです。言うまでもなくスエズ運河はイギリスの生命線のようなものでしたから、これだけは譲れないということだったのでしょう。

イギリスに反抗的な内閣はつくらせず

しかし、当時のエジプトは、独立国にはほど遠い状態でした。二つのことをあげておきましょう。

まず、駐留する軍隊の規模、地域、性格の問題です。軍隊の駐留する地域は条約では限定されていたのに、実際は首都であるカイロやアレキサンドリアなどにも及び、兵員総数も最大時は八万三〇〇〇人だったといいます。

これは、駐留の目的とも関わっています。イギリス軍にとってのエジプト駐留は、スエズ運河防衛というだけでなく、実際には中東全域の出撃拠点を目的としたものでもありました。だから、大規模の軍隊駐留が必要とされたのです。

それだけではありません。駐留イギリス軍は、エジプトの内政にも干渉します。第二次大戦でドイツ軍がアフリカに上陸すると、エジプト国王は、それを利用してイギリス軍を追い出すことを考え、反イギリス内閣をつくろうとします。これに対してイギリスの駐エジプト大使は、駐留軍隊を動員して国王の宮殿を包囲し、拉致・幽閉すると脅迫して、国王を翻意させたのです。そして、イギリスの望む内閣をつくらせたのでした。

もう一つは、駐留していた軍隊の裁判権の問題です。「エジプト内のイギリス軍が享有する免除及び特権に関するイギリス・エジプト協定」という、現在は一般に地位協定と呼ばれるものが合意されました。ここでは、「イギリス軍のどの構成員も、エジプトの刑事裁判権に服することはない」とされていました。公務中であれ公務外であれ、イギリス側が裁くということです。民事裁判については、公務外の事件に限ってエジプトに裁判権があるとされていますが、その軍人が公務中だったかどうかの判断に際しては、駐エジプト・イギリス大使の声明が「決定的な証拠」とされましたから、例外規定もあってなきがごとしでした。

これは、どう見ても不平等条約です。現在のNATO軍地位協定も、日米地位協定も、これほど屈辱的なものではありません。主権国家としてはあり得ないものだったのです。

独立国家とは呼べない「エジプトタイプ」

ところで、エジプトのナショナル・デー（国家にとっていちばん大切な日で、独立記念日や革命記念日などが代表的）は、七月二三日ということになっています。これは、ナセルがクーデターで政権を倒した一九五二年七月二三日を意味します。つまり、二二年の独立も、三六年の同盟国化も、現在のエジプトでは国家にとって重要なものとは認められていないということです。

それはそうでしょう。誰がどう見ても、当時のエジプトを独立国家とは呼べません。せいぜい「半植民地」です。マッカーサーにならっていえば、「エジプトタイプ」は「半植民地タイプ」なのです。ナセルの革命で打倒されることによって、ようやく独立をちゃんとしたものにできたのです。

マッカーサーは、日本をそういうエジプトと同じような国家にしたいと考えていたというわけです。国民にとってみれば革命で打ち倒したいと思うような国家です。旧安保条約が発効するのは五二年四月二八日で、元祖「エジプトタイプ」はその三か月後には消え去るのですが、マッカーサーはそんなことは全然予想していなかったのでしょうか。

しかし、いくら何でも、日本を当時のエジプトと同じにするなんて、マッカーサーの妄想だったのではないか。そう思う人もおられるかもしれません。実際に締結された旧日米安保条約は、エジプトと同じものではないだろうと。ところがそうでもないんです。当時のことを知る人も少なくなっているでしょうから、少し論じておきましょう。

2　建前としても平等を放棄した旧安保条約

「一読不快」なアメリカ側の提案

旧日米安保条約の締結へ、日本側で実務を担ったのは、前章に紹介しましたが、外務省条約局長の西村熊雄でした。一九五一年一月から開始された第一次交渉において、日本もアメリカも草案を提出するのですが、アメリカ側の草案について、その西村が「日本からすれば一読不快の念を禁じえない性格のものであった」（西村熊雄『サンフランシスコ平和条約』日本外交史二七、鹿島研究所出版会、一九八三年）という感想を抱いたことは有名です。

西村がそういう感想を抱いたのにはいろいろ理由があるでしょう。それを一言でいえば、「名は『集団自衛協定』ですが実は『駐軍協定』の色合いがきわめて強いものになってしまっております」(『国際時評』鹿島平和研究所、一九六八年九月号)というところに尽きました。

条約のなかには「自衛」がうたわれているのです。当時の政府にとっても、日本をどう守るかが最大の関心事です。何といっても、アメリカに従って西側の一員となり、共産陣営と軍事的にも対峙することを決意したわけですから、何かある時にはアメリカに守ってもらうことが大前提でした。

ところが、アメリカ側の草案を見ると、アメリカは日本を防衛することを義務だとは考えていないようなのです。しかも、交渉の途中で、アメリカ側は突如、「極東」条項を追加提案してきます。最終的に合意されたものは、米軍を「配備する権利」を日本が与えるとして、米軍は「権利」として駐留することになります。そして、その米軍は「極東における国際の平和と安全の維持に寄与」することが最初の目的として掲げられ、最後の部分で「外部からの武力攻撃に対する日本国の安全に寄与する」ことも書かれてはいますが、あくまで「寄与するために使用することができる」ということであって、やはり義務とはなりませんでした。

アメリカの草案は、日本防衛の義務を不明確にしたまま、一方で「駐軍協定」のように、アメリカ軍の特権ばかりを書き連ねていたわけです。「一読不快」になるのは当然でしょう。追加された「極東」条項は、アメリカが日本から出動するのに際し、日本の承認が必要でないどころか、何の関与もできないものでしたので、さらに大きな問題を抱えていました。

イギリスとエジプトの条約も、名前は「同盟」条約だったのに、主権国家同士のものでなく、イギリスによる中東介入の拠点化が目的でした。本当によく似ているのです。

米軍の特権の条文は見えにくいところへ

西村は、不愉快なものを少しでも取り除くため、官僚としてそれなりに努力したのでしょう。しかし、「日本に独立を与えれば、駐留軍を日本から撤退しなければならないことになるようならば、日本に独立を与えるようなことを米英はとうていしないだろう」、「無条件降伏という大前提がありますから、やむをえない次第でありますけれど」（「日米安全保障条約の成立事情」日本国際問題研究所・鹿島研究所『日本の安全保障』所収）という枠をはめられていました。

その結果、西村にできたのは、限られたことでした。条約に堂々と米軍の権利を列挙されると、国会や国民に追及されて困るので、それらは行政協定その他、国会の審議・承認を必要としないところに移そうということでした。

われわれの案では、そういった駐屯軍の特権免除に関する規定を本条約の中にあげれば、条約を読む人たちは日本が一方的に義務ばかり負う愉快でない条約という感じをもたされ政治的効果を減殺するだけであるので、そのような事項は条約の委任によって別に行政協定で協定しようということになっていたのです。が、当時、アメリカは同時に駐屯軍の特権的地位を確保しておきたかったのでしょう。一本の条約にして出してきたものです。（前掲『国際時評』一九六八年九月号）

われわれは総理にお願いして安全保障条約なるものは高度に政治的なものであって簡単明瞭な条約であるべきであると思う。駐屯軍の特権免除に関する大部の規定をそのなかに置くことは、政治的効果を減殺するものであり、われわれの原案のような簡単な条約にし、そして提案されたような軍の地位に関する条項は別個に行政協定にしたいと申し入れました。（同前）

旧安保条約はわずか五条の短いものです。そうなったのは、以上のような理由があったというわけです。

「一番難関」だった行政協定第二四条

こうして、安保条約の本体は簡素化され、米軍がどういう特権を持つかという重要な部分は、現在の地位協定にあたる「日米行政協定」（日本国とアメリカ合衆国との間の安全保障条約第三条に基く行政協定）など、国会での審議が不要な文書に移されることになります。現在も、安保条約だけでは意味がつかめず、地位協定、その下にある合意議事録、そして機密文書でようやく全貌がつかめることが少なくありませんが、出発点からそうだったわけです。

別のところに移されたもののうち、二つだけをあげておきましょう。いずれも日米関係の本質につながる重大問題です。

一つ。吉田茂は、「（日米交渉で）一番難関となったのは行政協定第二十四条の問題だった」としています。そしてそれは、「一朝事ある際には、米軍もわが警察予備隊も、協同して日本の防衛に当らなくてはならぬ」ので、ＮＡＴＯと同様の「統合司令部」を設けるという問題だったと述べています（吉田茂『回想十年』第三巻、新潮社、一九五七年）。では、その第二四条はどういうものなのか、見てみましょう。

日本区域において敵対行為又は敵対行為の急迫した脅威が生じた場合には、日本国政府及び合衆国政府は、日本区域の防衛のため必要な共同措置を執り、且つ、安全保障条約第一条の目的を遂行するため、直ちに協議しなければならない。

有事になった時、あるいはそういう事態が急迫した時、「必要な共同措置」をとる、そのため「直ちに協議」するということです。吉田の言うような「統合司令部」のことは書かれていません。この程度の表現なら、旧安保条約といえども日本の安全のためという大義名分はあるわけですから、とくに不思議な条項とは思えません。

アメリカの草案は日本の主権を踏みにじるものだった

それなのに、なぜそれが「一番難関」だったのか。それは、もともとのアメリカ側の案を見れば分かります。こういうものだったのです。

日本区域において戦争または差し迫った戦争の脅威が生じたとアメリカ政府が判断

したときは、警察予備隊ならびに他のすべての日本の軍隊は、日本政府との協議のあと、アメリカ政府によって任命された最高司令官の統一指揮権のもとにおかれる。

そうなのです。日本で戦争が起きるなどの差し迫った状況があるとして、それを判断するのは「アメリカ政府」だというのです。そして、日本の軍隊は、アメリカの最高司令官の指揮を受けるというのです。

直面する事態が戦争するに値するだけの事態かどうかも日本は自分で決められない。その際に部隊を動かすのも日本ではない。これはどう見ても、主権国家ではない、独立国ではないと言っているようなものです。吉田が「一番難関」だと考えたのも当然でしょう。

さすがに日本側は削除を求めたそうです。西村熊雄は、どういう根拠で削除を求めたのか、その理由を次のように語っています。

先方の提案第八章のような規定は、しかし、第一に戦争をせず、戦力を保持しないという憲法の精神に反する。第二に安保条約の交渉を通じて日本の防衛義務について条約上コミットすることはできないと説明してきた先方の立場と矛盾する。（西村熊雄『サンフランシスコ平和条約・日米安保条約』中公文庫、一九九九年）

なかなか効果的な反論です。戦力を保持しないという憲法を日本につくらせておいて、安保条約では日本の戦力はアメリカが指揮するというのでは、論理矛盾もはなはだしい。しかも、アメリカの日本防衛義務は明記しないのに、日本が戦争するかどうかも日本が決められないなんて、あまりにも非常識でした。

指揮権をめぐる密約があったという解釈も

けれども、アメリカは日本の要求をはねつけます。「非常時の共同措置について言及しない限り(日本の独立を認めるサンフランシスコ条約──引用者)署名は困難」(同前)との意向に固執したのです。こうして最終的に、現在の行政協定第二四条の表現になったのです。

では、アメリカ側の当初の案と、できあがった行政協定の二四条は、いったいどういう関係になっているのでしょうか。二四条そのものは日本の求めに応えて削除されなかったとはいえ、そこには戦争するかどうかを決めるのはアメリカだということも、日本の軍隊はアメリカ側が指揮するということも書かれていません。内容的にアメリカが譲歩したということでしょうか。

その真相は、まだよく分かっていません。吉田茂は、「米国政府から、日本の立場は理解できるし、日本政府を困惑させることは本旨ではないからといって、現行の行政協定第二十四条のような提案をしてきた」と述べています（前掲『回想十年』第三巻）。

一方、獨協大学の古関彰一氏は、吉田首相がアメリカとの間で密約を結んだのだという立場です。一九八〇年代はじめ、それを明らかにする密約を入手したとして、それを公表しました（「日米会談で蘇る30年前の密約〈上・下〉」『朝日ジャーナル』一九八一年五月二二日／二九日号）。

古関氏が公表したのは、アメリカの極東軍司令官だったクラーク大将が、統合参謀本部に送った報告書です（一九五二年七月二六日付）。三日前の二三日に吉田首相を自宅に招き、有事の指揮権について詳しく説明したが、それに対して吉田が、有事の際に単一の司令官は不可欠であり、現状ではその司令官はアメリカによって任命されるべきだと同意したというものです。同時に、吉田は、そういう合意が国民に与える衝撃を考えると、これは秘密にされるべきだという考えを示したとされます。五四年にも米議会におけるアリソン駐日大使の証言として、同内容のものがあります。

密約はあっても吉田止まりか

通常、いくら密約といっても、責任者の何らかの署名があります。一方、この指揮権密約と言われるものは、吉田が口頭で約束したというものであって、そういうものに法的な拘束力があるのかについては、議論の余地があるでしょう。

また、もしこれが拘束力のある合意なら、一九五二年に保安隊、五四年に自衛隊ができたのですから、何らかの具体化があってよさそうなものです。それに関する話について、保安庁で自衛隊の創設に関わり、発足した防衛庁の防衛局第一課長（のちに防衛局長、国防会議事務局長）となった海原治による次の証言があります（『海原治オーラルヒストリー〈上〉』政策研究大学院大学編）。

五四年当時、日米統合の防衛計画をつくる問題で議論があったそうです。それが御破算になったのは、一つは、日本のほうに空と陸を統合する防衛政策がなかったことで、もう一つは、指揮権問題だったとされます。後者の問題で、同年に統合幕僚会議議長となった林敬三との間でやりとりがあり、海原は米軍のほうがはるかに力が大きいのだからアメリカ人が指揮権を持つべきだと主張したが、林は「日本を防衛するのに、その日米部隊の司令官がアメリカ人であるのはおかしい」と主張し、「海原君それは駄目だ。君は日本人かね」とまで突っ込んできたとされます。指揮権問題は当時、防衛庁、自衛隊の内部で合意にならなかったのです。

ですから、何かの約束があったとしても、それは吉田止まりだったのでしょう。自衛隊を拘束するようなものにはならなかったということです。

しかし、現在は、当時とは事情が異なっています。当時は統合防衛計画がなかったのですから、指揮権問題が決着しなくても問題なかったのです。けれどもその後、一九七八年、九七年、二〇一五年と日米防衛協力ガイドラインができ、米軍と自衛隊の「調整所」「調整メカニズム」が動き始めています。指揮権をどうするかは、現実の問題だと言えるでしょう。

占領下の基地を「そのまま」維持するために

旧安保条約、行政協定の問題点として、もう一つ指摘しておきます。それは、占領下の米軍基地を、独立してもそのまま受け継ぐものだったということです。

普通に考えれば、アメリカの基地を置くことに同意してはいても、日本は独立するのですから、どの程度の基地をどこに置くかについて、日本側の同意が必要になるはずです。占領軍ではなくなるのですから、アメリカの意向だけで決まることはあり得ないのです。

しかし、アメリカは、占領下と同じ基地をそのまま維持したかったのです。結局、日本はそれを黙認するのですが、アメリカが占領時の基地をそのまま使うことに合意するのでは、独立に値しない。そこで、編み出されたやり方が、いわゆる「岡崎・ラスク交換公文」というものでした。

これはまず、行政協定（第二条1）において、「個個の施設及び区域に関する協定は、この協定の効力発生の日までになお両政府が合意に達していないときは、この協定の第二十六条に定める合同委員会を通じて両政府が締結しなければならない」と規定するのです。どの基地を使用するかは、日米両国が合同委員会で決めるということです。

その上で同時に、ラスク（特別代表）が書簡を日本政府に送り、どの基地を使用するかを合意するのに「避けがたい遅延が生ずることがあるかもしれません」として、その場合は「九十日以内に成立しないものの使用の継続を許されれば、幸であります」とお願いする。それに対して岡崎勝男外相が「九十日以内に成立しないものの使用の継続を合衆国に許すことを、日本国政府に代って、確認する光栄を有します」と返事をするというのです。

要するに、日米が合意しなければ、占領時の基地をそのまま使うということです。そういうことに、独立国である日本政府があらかじめ了解を与えたのです。

こうして一九五二年四月二八日、日本は悲願の独立を果たします。しかし、その前の日も後の日も、米軍が日本に保有していた基地の数は二八二四件で、基地の面積は一三億五三〇〇万平方メートルでした。占領下の米軍基地と、独立後の米軍基地との間で、何も変わらなかったのです。なお現在も、米軍基地の総面積は、自衛隊との共同使用施設を含め

表４　在日米軍基地の件数の推移　（件）

	専用	共用	合計
1952年	2824		2824
1953年	1282		1282
1954年	728		728
1955年	658	1	659
1956年	565	2	567
1957年	457	1	458
1958年	368	1	369
1959年	272	1	273
1960年	241	2	243
1961年	187	1	188
1962年	164	2	166
1963年	163	5	168

	専用	共用	合計
1964年	159	4	163
1965年	148	4	152
1970年	124	2	126
1975年	136	5	141
1980年	113	7	120
1985年	105	22	127
1990年	105	37	142
1995年	94	41	135
2000年	89	44	133
2005年	88	47	135
2010年	84	49	133
2015年	82	49	131

注１：各年における数値は、３月31日時点のものである。
注２：1952年については、４月28日時点の数値である。
注３：面積の計数は、四捨五入によっているので符合しない場合がある。

グラフ１　在日米軍基地の面積の推移

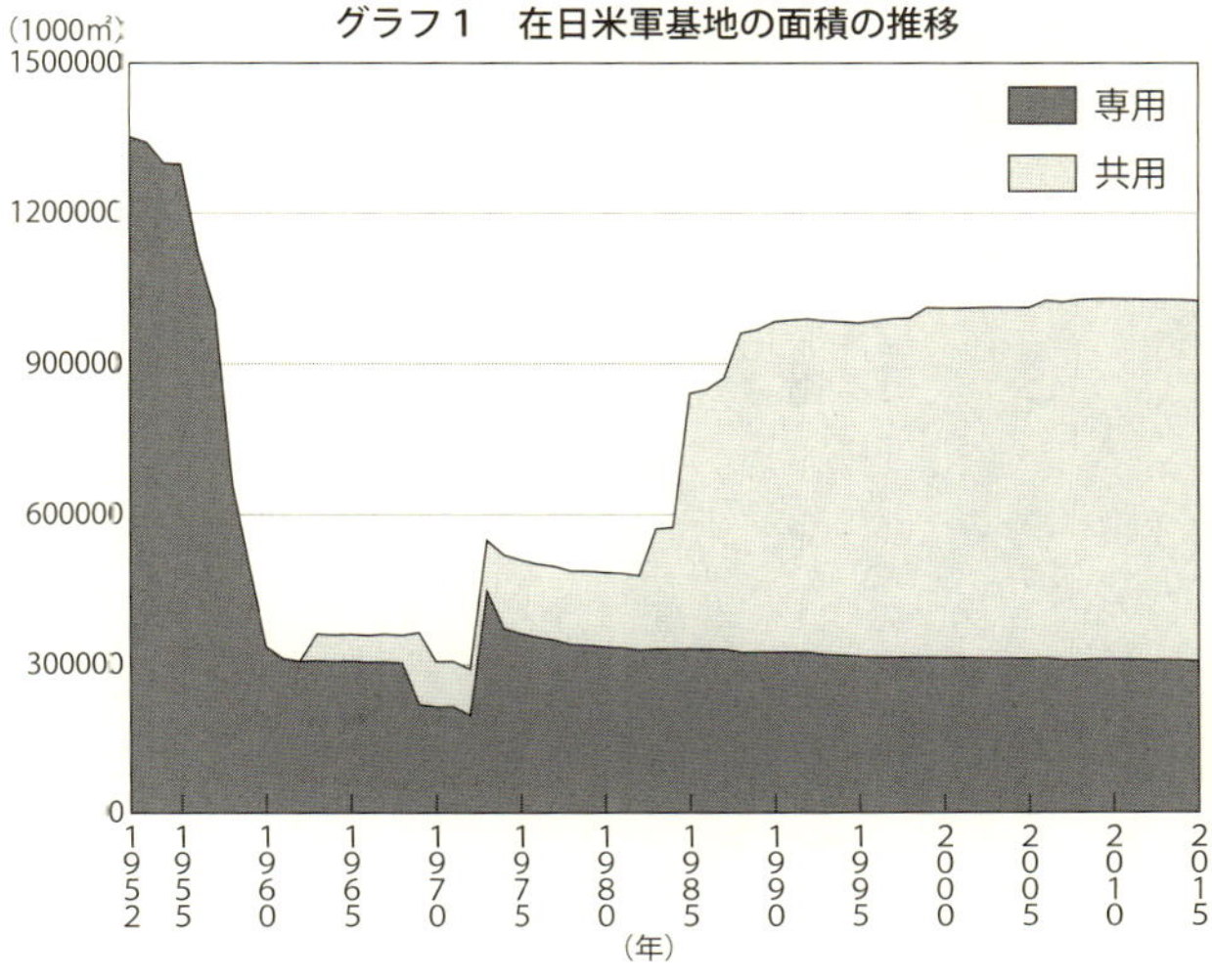

ると、ほとんど変わっていません（表4・グラフ1）。

「ヤンキイ・ゴオ・ホーム」となる――宮沢喜一

のちに首相となる宮沢喜一は、大蔵大臣秘書官として平和条約の準備交渉にあたり、サンフランシスコ会議では全権随員でした。その宮沢が、以上のような米軍駐留のあり方について、これでは「ヤンキイ・ゴオ・ホーム」ということになると強く批判しています。長くなりますが、以下引用します。

私がその頃、折衝中の行政協定の草案を見たところが、「米国は駐留を希望する地点（「施設及び区域」と云った）について、講和発効後九十日以内に日本側と協議し、日本側の同意を得なければならない。但し九十日以内に協議が整わなければ、整うまで暫定的にその地点に居ってよろしい」という趣旨の規定があったのを記憶している。つまり、この協定の但し書以下が全く間違っているのであって、九十日以内に相談せよ、但しまとまらなければ、まとまる迄いてよろしいというのでは、九十日と日を限った意味は全くない。九十日と日を限った意味がなければ、講和が発効して独立する意味が無いということにひとしい。

非常に驚いて、この規定を削ってもらうように外務省に申入れたことがある。ところがその後、再び驚いたのは、この規定は行政協定そのものからは姿を消したが、「岡崎、ラスク交換公文」の中には、そのままこの規定が確認されていて、しかも私がそれを知った時は、既に行政協定は両国の間で調印を終っていた。

……

長い間、調達庁長官として苦労された福島慎太郎氏自身が、「今でも正式提供になっていない基地はあるかもしれない」（文藝春秋昭和三十一年九月号）と書いておられるのを読んでは全く驚くより外はなく、これはつまり、独立国でありながら、全く知らない内に外国の軍隊が国土の一部に根を張っていることが、現実に今なおあるかも知れない、ということなのであって、これではヤンキイ・ゴオ・ホームという叫び声が起っても仕方がないではないか。（『東京―ワシントンの密談』中公文庫、一九九九年）

占領下の基地をそのまま受け継ぐということは、当時の保守的な政治指導者にとってみても、「独立する意味が無い」「全く驚くより外はな」いという問題だったのです。そういう国のあり方を独立した日本は選択したのです。

3 世界史に前例のない裁判権の全面放棄

旧安保条約の問題点で、最後に論じたいのは、駐留米軍をめぐる裁判権のことです。裁判権というと、大事なことではあっても、あれこれの問題点の一つだとの受けとめがあるでしょう。しかし、日本が江戸時代の末期に結んだ不平等条約を思い出してください。関税自主権とならんで外国人の犯罪を日本が裁けない領事裁判権は、独立国家であることと両立しないと考えられ、明治政府は全力で改正に取り組みました。裁判権の問題は独立か従属かを分けるメルクマールのようなものなのです。そして、旧安保条約下の裁判権は、まさに独立国家にふさわしくないものだったのです。

行政協定の裁判権規定

現行の安保条約下では、米軍の裁判権の問題は、いわゆる地位協定で規定されています。旧安保条約下においては、それは「日米行政協定」が扱っていました。裁判権を規定した第一七条（1・2）の全文は次の通りです。

１　千九百五十一年六月十九日にロンドンで署名された「軍隊の地位に関する北大西洋条約当事国間の協定」が合衆国について効力を生じたときは、合衆国は、直ちに、日本国の選択により、日本国との間に前記の協定の相当規定と同様の刑事裁判権に関する協定を締結するものとする。

２　１に掲げる北大西洋条約協定が合衆国について効力を生ずるまでの間、合衆国の軍事裁判所及び当局は、合衆国軍隊の構成員及び軍属並びにそれらの家族（日本の国籍のみを有するそれらの家族を除く。）が日本国内で犯すすべての罪について、専属的裁判権を日本国内で行使する権利を有する。この裁判権は、いつでも合衆国が放棄することができる。

前段（1）についてはあとで論じます。まず後段（2）です。「合衆国の軍事裁判所及び当局は……すべての罪について、専属的裁判権を日本国内で行使する」のです。これは、「イギリス軍のどの構成員も、エジプトの刑事裁判権に服することはない」という「エジプトタイプ」とまったく同じです。旧安保条約下に結ばれた「日米行政協定」とは、独立国家が結ぶようなものではなく、「半植民地タイプ」なのです。

外国軍隊が裁判権を有しているタイプ

この問題をさらに論じる前に、外国軍隊と裁判という問題一般について、少し掘り下げてみたいと思います。そうしたほうが国家的な従属という問題を理解しやすいと思うからです。なお、この問題は高度に専門的な領域に入ってしまうので、読みづらい方はこのまま第四章に入ってもらって結構です。

先ほど、外国軍隊駐留のいろいろなタイプを取り上げました。その場合、駐留する軍隊が事件・事故を起こした際の裁判権はどうなっていたのでしょうか。

「同盟タイプ」ではない場合、基本的に駐留する外国軍隊が排他的な裁判権を有していました。エジプトのような「半植民地タイプ」であれ、中国のような「半従属国タイプ」であれ、ドイツのような「敗戦継続タイプ」であれ、変わりはありません。

そうなるのは、これらのタイプは、条約を結んで軍隊を駐留させるといっても、そもそも対等・平等ではないからです。軍隊派遣国が、圧倒的な軍事力の差を利用して、自国の意思を押しつけるための駐留なので、軍隊受入国には条約の内容を左右できるような力がないわけです。

「同盟タイプ」の場合の裁判権はどうだったか

では、「同盟タイプ」の軍隊の場合はどうだったのでしょうか。軍隊が外国に駐留する場合、犯罪を犯したとして、どちらに裁判権があったのか。

この点では、第二次大戦前の時期、ある国が外国軍隊を受け入れるというのは、基本的にあり得なかったことを知っておく必要があります。現在に生きている人の目で見ると、日米安保条約やＮＡＴＯ条約があり、米軍が駐留することが普通の現象になっているので認識しづらいのですが、当時は、国家の主権と外国軍隊の駐留というものは、本質的に相容れないものと思われていたのです。

それでも、「同盟タイプ」の場合でも、外国軍隊が駐留することがありました。それが戦時の駐留です。通常は他国の軍隊を受け入れることはなくても、戦争になってしまえば、そうも言っておられません。敵国の軍隊を打ち負かすため、他国の領土に入って戦うこともあるわけです。主権を侵すからといって作戦を躊躇するわけにはいかない。「同盟タイプ」とはそういうものです。

その場合の裁判権はどうだったのか。第一次大戦でドイツと戦っていたフランス、ベルギー、イギリスの協定を見ると、自国の領土で外国軍隊が事件・事故を起こしても、「作戦中の軍隊（army of operation）」には裁判権を行使しないと書いています。
この表現からも明白なように、外国軍隊に対して受入国は裁判権を行使しないのですが、その理由は、軍隊の特権を一般的に認める立場からではなく、戦争遂行の必要性からくるものでした。軍の行動が別の国の司法の対象になってしまうと、効果的な作戦の遂行ができないということだったのです。

戦時における外国軍隊の裁判権は一時的、例外的

第二次大戦の最中でも、多くの国が、自国に駐留する外国軍隊に排他的裁判権を与える協定を結びました。これも、以下に紹介する論文が明らかにするように、裁判権の付与は一時的、例外的なものであり、平時であればあり得ないと明確にした上でのことだったのです。

英国は一九四二年七月二七日の、米国との交換公文の中で、米軍にその構成員についての排他的裁判権を付与することを約束したが、この合意が一時的例外的なもので、戦争状態によって作り出され、両国間の友好の感情によって容認されるものであると し、又、エジプトも、免除の承認が戦争に起因する特殊な状況によって成されるもの

で、すべての点で、平常法（ノーマル・ロー）への復帰を可能ならしめる、戦争の終結を以て、終ることを明らかにしている。更に又、カナダ政府は、国際法上、カナダが駐留軍の構成員に対する排他的裁判権の行使権を、その軍当局に付与しなければならない義務を、負うものではないとした。この点について、助言を求められたカナダ最高裁判所も、米軍の構成員が、カナダ裁判所の刑事訴追から、絶対的免除を受ける資格を有する、といういかなる国際法規則もないと答えた。このことは、一九四三年四月六日の枢密院修正令により、同国が一九四七年に制定した米駐留軍法に照して見た時、米軍構成員に対する専属的裁判権を、その軍当局に付与することが、一時的・例外的なものであったことを、はっきりと浮き彫りにしている。（月川倉夫「外国軍隊の刑事裁判権」『産大法学』創刊号、一九六七年）

領土内であれば外国人に対する裁判を行うのが常識なのに、それまでの法的な考え方に反して米軍に裁判権を付与することを、苦渋の選択肢として受け入れたわけです。第二次大戦でアメリカに頼ることになり、はじめて米軍が駐留することになった各国の苦悩が、すごくよく伝わってきます。

平時に駐留する外国軍隊の事例はどうだったか

では、外国軍隊駐留というのは有事に限ったもので、平時にはなかったのでしょうか。非常に限定的なものですが、その事例は存在しました。どういうものかというと、イギリス連邦諸国間の軍隊駐留でした。

イギリスは、白人植民地であったカナダ、オーストラリア、ニュージーランドなどの独立については、同じ植民地であったエジプトやイラクに対するものとは、まったく異なる態度をとりました。まず自治領として内政面の自治を認め、次には外交自主権を与え、イギリス本国の法律が各国を拘束しないことも決めて（一九三一年。これをもってイギリス連邦が発足する）、次第に主権国家として機能させていったのです。

これらの国に駐留するイギリス軍の地位は、三一年まではイギリスの国内法で規定されていました。したがって、イギリス本国の裁判権が行使されていたのです。しかし、イギリス連邦が結成された三一年以降は、それぞれの国が独自に法律を制定し、他の連邦諸国の軍隊が駐留する場合の地位を決めることになります。

各国が決めた法律は、基本的に同じ内容のものです。どの国の法律を見ても、この法律がイギリス本国であろうと、他の連邦諸国であろうと、平等に適用されると明記されています。その上で、軍隊派遣国が裁判権を行使できるのは、「懲戒と内部行政（discipline and internal administration）」に限られるとしています。現在の世界で通用している地位協定では、「刑事および懲戒の裁判権（all criminal and disciplinary jurisdiction）」という用語が使われていることでも分かりますが、当時のイギリス連邦諸国は、軍隊派遣国が行使できる裁判権から、「刑事裁判権」を省いたのです。懲戒のように、軍隊特有の規律違反などは派遣国が裁くけれども、刑事裁判は軍隊を受け入れた国が行うということなのです。

イギリス連邦諸国は戦時でも受入国が裁判権を行使

これらイギリス連邦諸国の法律は、第二次大戦のなかで、連邦諸国以外の軍隊をも受け入れるものへと発展させられます。これもどの国の場合も同じような内容でしたが、たとえばイギリスの「同盟国軍隊法」（一九四〇年）について見ると、軍隊を派遣してくる国に認める裁判権を引き続き「懲戒と内部行政」に限るものでした（第一条）。しかも、イギリスの国内法に違反する罪の場合、「以上の条項（第一条）は、イギリス国内の裁判所の管轄権に影響を与えてはならない」として、「懲戒と内部行政」に属する罪であっても、イギリスが裁判権を行使することを明確にするものでした。

著名な国際法学者である高野雄一は、第二次大戦後に進む外国軍隊への特権付与の流れのなかで、大戦中のこういう事例を発見してびっくりされたのだと思います。当時の著述で以下のように述べています。

主として兵舎外、駐留地外のイギリス領域で意味をもつであろうが、兵舎内駐留地内でも効力を排除されるものではない。兵舎外、駐留地外の場合、公務従事中であっても少くとも理論的にイギリスの管轄が競合的に及ぶこと、さらにそれが兵舎内、駐留地内の駐留軍にも及ぶことは、一般国際法上認められる駐留軍に対する免除を逆に制限するものである。(「駐留軍・軍事基地と裁判権」『国家学会雑誌』六五巻一一・一二号、一九五二年)

こうして、戦時であっても、外国軍隊の犯罪を受入国が裁くという先例がつくられました。平時でも戦時でも、国家の主権が貫かれるという先例です。

実態が従属か平等かで裁判権は区別された

もちろん、この事実だけでは、連邦諸国とイギリス本国が平等な関係を築いたことを意味しません。実際、イギリスが大使を置いている国に対しては、他の連邦諸国は大使という名前の外交使節を派遣できないなどの事態が、一九四三年まで続きます。

しかし、主権国家が友好国の軍隊駐留を認める場合、裁判権を放棄したりはしないということが、理論的にだけでなく、実際の事例で誕生したことには大きな意味がありました。エジプトタイプのようなものは、主権国家同士の関係ではないということを、当のイギリスが認めたようなものです。

こうして、第二次大戦前には、支配・従属関係という実態の上には軍隊派遣国の排他的な裁判権が、平等な国家関係という実態の上には軍隊受入国の主権を尊重した裁判権が、それぞれ存立することになるのです。つまり地位協定の裁判権規定には、誕生の時から、「支配・従属タイプ」と「同盟タイプ」が存在するという状況が生まれたのです。

ただし、その第二次大戦中、重要な例外が生まれます。イギリスは、先ほどの「同盟国軍隊法」の例外として、「アメリカ合衆国駐留軍隊法」を制定し、アメリカの軍人に対する刑事裁判権を放棄したのです。アメリカに頼らないと戦争に勝てない、ということでの苦渋の決断だったと思います。

そして、第二次大戦後、そういう特権を経験したアメリカが軍隊を世界各地に駐留させるようになることで、複雑な問題が生まれてくるのです。旧安保条約下での米軍駐留とその裁判権の評価は、こうした歴史の流れのなかで検討されるべきものです。

行政協定のもう一つの裁判権規定

さて、日本の問題、旧安保条約下の行政協定における、裁判権の問題に戻りましょう。「合衆国の軍事裁判所及び当局は……すべての罪について、専属的裁判権を日本国内で行使する」（第一七条2）という規定を思い出してください。

これまで論じてきたことで、この規定の意味が理解できるのではないでしょうか。すべての裁判権を放棄する、しかも平時においてそうするなどということは、主権国家であれば考えられないことだったのです。世界の歴史のなかでもはじめてのできごとだったと思います。イギリスがアメリカに与えた例外にしても、戦時に限った特例だったのですから。日本政府は、独立の代償として、そういう規定をアメリカに与えてしまったのです。

ところで、行政協定のその規定を紹介した際、前段についてはあとで論じると書きました。ここで論じておきましょう。もう一度引用しますが、次のような規定です。

1　千九百五十一年六月十九日にロンドンで署名された「軍隊の地位に関する北大西洋条約当事国間の協定」が合衆国について効力を生じたときは、合衆国は、直ちに、日本国の選択により、日本国との間に前記の協定の相当規定と同様の刑事裁判権に関する協定を締結するものとする。

NATOでは裁判権規定をめぐって合意が遅れた

ここにある「軍隊の地位に関する北大西洋条約当事国間の協定」ですが、何のことだか想像できますでしょうか。NATO条約にもとづき、NATO諸国も地位協定を結ぶのですが、それのことです。引用した行政協定の文面でも推測できるように、この時点ではまだNATO軍地位協定は効力がなかったのです。そして、NATO軍地位協定の効力が生じたら、日米行政協定の裁判権については、NATOと同様の内容の水準にしようというのが、この規定の意味するところです。

前章で紹介したように、NATOの発足は一九四九年です。日米行政協定の発効は五二年です。ということは、NATOが発足して三年が経っても、NATO軍の地位協定は発効していなかったということです。不思議でしょう？

なぜそんなことになったかというと、裁判権をどうするのか、アメリカと欧州諸国の間で意見が対立したからです。激しい論争がくり広げられ、地位協定が発効するのは、ようやく五三年になってからだったのです。

簡単にいうと、アメリカは、すべての裁判権をアメリカに渡せと要求した。一方、欧州諸国は、受入国が裁判をするのが主権国家として当然だと主張した。その決着がなかなかつかなかったということです。

「受入国が裁判権を有する」のが欧州諸国の考え

NATO軍地位協定は、内部に設置された作業グループで集中的に議論されました。そこに欧州諸国が提案した裁判権規定は、ブリュッセル条約機構の地位協定（ブリュッセル協定）を基礎にしたものでした。

ブリュッセル条約機構については、前章で紹介しました。一九四八年、イギリス、フランス、ベルギー、オランダ、ルクセンブルクがつくった軍事機構です。NATOの源流になりました。

この機構の地位協定（一九四九年一二月締結）は、各国の主権を尊重するという、歴史の流れに沿ったものでした。何よりもまず、「受入国で実施されている法律を尊重することは、外国軍隊構成員の義務である」（第七条第一項）とされています。

裁判権についていうと、続く第二項で、「受入国において、その国の法律に違反する罪を犯した外国軍隊構成員は、その国の裁判所によって起訴される」と言い切っています。しかも、この条項には例外がないのです。つまり、犯罪を犯した外国軍人は、その犯罪が公務中のものか公務外かにかかわらず、また基地の中で犯されたか外で犯されたかにかかわらず、受入国の裁判所で裁かれるのです。

唯一、派遣国の安全や財産に対する罪、同じ派遣国の構成員に対する罪については、起訴しない場合があるとされています。アメリカの財産に対する罪といえば、戦車を壊したというような場合でしょう。アメリカ人がアメリカ人を傷つけるような罪とともに、確かに起訴しないのが合理的なこともありそうです。しかし、この地位協定によれば、そういう場合に起訴しないのも、「特別な考慮が必要とされると受入国がみなした場合においてのみ」なのです。あくまで受入国の判断が貫かれる仕組みになっているのです。

地位協定問題の国際的権威であるラザレフは、「領域主権の原則の優越性は、ブリュッセル協定において最高度に達しており、派遣国は排他的裁判権を享有することができなかった」と述べています（S. Lazareff, *Status of Military Forces under Current International Law*, 1971）。欧州諸国がNATO軍地位協定に求めたのは、そういうものだったのです。

競合裁判権方式が確定した経過

他方、アメリカは、これとはまったく異なる地位協定を提案していました。それは、軍隊派遣国の側が公務中に犯した犯罪などは、たとえ受入国の法律に反するものであっても、無条件に派遣国が裁判を行うというものでした。公務外の犯罪については、受入国と派遣国の双方が裁判権を有するとしましたが、戦時になれば、すべての犯罪について派遣国が裁判権を行使するとしていました。戦前の各種の「支配・従属タイプ」の裁判権を、一部を修正してそのまま維持しようというものだったといえます。

欧州諸国は、この提案を問題外だとしてはねつけます。そのため、地位協定の審議は暗礁に乗り上げ、合意のメドがつかなくなってしまいます。日米行政協定に関与した当事者も、NATOにおける議論の先行きが見えないので、あのような内容で合意したというわけです。その局面を打開するために、アメリカが妥協案として提出したのが、現行の地位協定の内容でした。のちに「競合裁判権方式」と呼ばれるようになったものです。

この方式の核心は、まず軍隊派遣国の法律に反する犯罪は派遣国が、受入国の法律に反する犯罪は受入国が、それぞれ裁判権を行使できることを明確にします。しかし実際には、両方の国の法律に反する場合がほとんどなので、裁判権が競合することになります。その解決策として、公務中の犯罪については派遣国が第一次の裁判権を行使することとし、派遣国が裁判権を放棄した時は受入国がその権利を行使できるとしたのです。公務外の犯罪については、その逆ということになり、受入国が第一次の、派遣国が第二次の裁判権を行使することになります。

ＮＡＴＯ軍地位協定とは、覇権主義を貫こうとするアメリカと、主権を確保しようとする欧州諸国との間のせめぎ合いのなかで、いわば妥協として成立したものです。こうして、過去の「支配・従属タイプ」とも異なり、「同盟タイプ」とも異なるという裁判権規定ができあがり、米軍駐留が本格的に開始されるのでした。

自分で闘わずおこぼれを求めた日本政府

日米行政協定の裁判権規定が教えるところは何か。

日本は、以上のような欧州とアメリカの論争を横目に見ながら、自分はアメリカに対して何も主張しませんでした。排他的裁判権を寄こせというアメリカの要求をまず易々と受け入れ、欧州諸国ががんばって何か成果が生まれれば、そのおこぼれにあずかるという態度をとったのです。主権国家になったはずの日本がそんな裁判権規定で合意したことは、闘っている最中の当時の欧州諸国も大迷惑だったでしょう。

ＮＡＴＯと安保条約、そしてその地位協定は、条文だけを見れば似たようなものが多いのです。にもかかわらず、第一章で見たように日本で米軍の横暴が問題になるのは、いままで紹介してきた裁判権規定の導入経過で分かるように、アメリカに対する政府の政治姿勢が、日本と欧州では最初から大きく異なるものだったことがあげられるでしょう。似ているのは条文だけで、精神は違う、といってもいいかもしれません。

もちろん、時代の制約もあります。同じように米軍の駐留を受け入れるとはいえ、日本は敗戦にともなう占領を終わらせるため、アメリカの要求に応じざるを得なかったという側面があります。それに対して、すでに論じたことですが（第二章）、NATOというのは、第二次大戦における戦勝国の連合です。イギリス、フランス、ベネルクス三国という勝者が、ソ連の脅威を前にして結束し、アメリカに軍隊駐留を求めたのです。アメリカに依存しなければならないという点では、多少の弱みはあったのですが、勝利した主権国家としての矜持は保持したままでした。

それにしても、ヨーロッパの努力で現行の方式になったとはいえ、日本がいったんは行政協定で受け入れた裁判権規定は、主権国家としてあり得ないものでした。そういう従属関係は、エジプトが革命によって葬り去ったものですし、中国は戦争に勝利して廃棄したものです。

つまり、日米行政協定とは、主権国家としての立場を貫こうとするなら、革命や戦争で打ち倒すようなものだったのです。それをおとなしく受け入れた日本政府の政治姿勢が、前章で見た従属の原点を、さらにゆがめることになったのではないでしょうか。

米軍基地と国民の間には深い矛盾

現在の日本人には想像できないかもしれませんが、当時、日本人の多くは、独立したら米軍はいなくなるものだと思っていました。平時に主権国家が外国軍隊を受け入れるなどということは、世界史に例のないことですから、それが常識だったのです。

したがって、独立したのにそのまま米軍が居座っていることに、日本人は本当にびっくりしたと思います。しかも、占領軍と同様の特権を持っており、住民との軋轢が続くのですから、怒りも高まってきます。日本人のナショナリズムは高まり、旧安保条約下の一九五〇年代は、反米軍基地闘争の時代となりました。詳しくは書きませんが、石川県の内灘闘争（五三年）、東京の砂川闘争（五五年）、群馬で起きた相馬ヶ原事件（ジラード事件、五七年）を契機にした闘争をはじめ、各地で闘争が高揚し、米軍はその後、首都圏の基地を整理したり、沖縄に基地を移転させるなど、対応を迫られます。

これらの闘争を担った主力は革新勢力でしたが、同時に、米軍が特権を持って居座るという状態は、日本の保守勢力にとっても我慢のならない事態でした。吉田茂の「向米一辺倒」が批判され、鳩山一郎、石橋湛山、芦田均、重光葵、岸信介などが自主外交、自主防衛、憲法改正を主張して支持を広げるようになっていくのでした。

いずれにせよ、旧安保条約の九年間の実績は、その後、重大な負の遺産として日本を拘束していきます。かたちの上では独立国家となった日本が、実際は独立の名に値しない日々を送ったのです。しかもそれが、アメリカから押しつけられたものではなく、独立した日本が自分で選びとったものだということになりました。新安保条約下で、アメリカはその事実を最大限利用するのですが、それは次章で論じることにしましょう。

第四章　従属の展開

——新安保でも深化したワケ

旧安保条約下の対米従属は、さすがに長続きするものではありませんでした。旧安保条約をこのまま続けてはならないということは、国民多数の共通の願いでした。

岸信介が首相となり、一九六〇年、新しい日米安保条約を締結するにいたったのは、そのような流れのなかのできごとでした。岸首相は、五七年六月に訪米し、日米首脳会談に臨むのですが、その目的を語った次の言葉は、その気持ちをよくあらわしています。

日本が戦後長期にわたってアメリカに占領され、サンフランシスコ条約（対日平和条約）によってとにかくその政治的独立が回復されたけれども、各方面において日米不平等関係、つまり占領時代の一種のしこりみたいなものが残っていました。……いわば占領は形式的には終わったが、実質的にはその残滓《ざんし》というか残った澱《おり》みたいなものが日本人の頭にあるんです。私はこう思ったんです。友好親善の日米関係を築くためには、いまいったような占領時代の滓《かす》みたいなものが両国間に残っていてはいかん。これを一切なくして日米を対等の地位に置く必要がある、ということです。いままでの占領時代の色を一掃して日米間の相互理解、相互協力の対等関係をつくり上げる、これがこの会談の目的であったわけだ。こうした考え方の具体的問題として安保条約の改正と沖縄問題があったんです。（原彬久『岸信介証言録』中公文庫、二〇一四年）

こうして改正された新安保条約に対する評価を述べるのは本書のテーマではないので省きますが、少なくとも保守派にとっては、新条約により、日本は独立国家にふさわしく、主権を堂々と行使できる国になるはずでした。いや、アメリカと完全に対等だということはあり得ないにしても、旧安保条約下からは多少の変化が生まれるべきでした。

1　自主性の回復が新安保条約の建前だったのに

新安保条約ができて五六年。半世紀以上がすでに過ぎています。日本は多少なりとも自主性を持った国になったでしょうか。そういう面があることは否定しません。しかし一方で、以前より従属が深化しているのではないかと思わせるようなことがいくつもあります。半世紀前と現在を比べてみて、「えっ！」と驚くことも少なくありません。

日本で起きた事故をどちらの警察が捜査するか

私自身がそのことを痛感したできごとは、第一章でも論じましたが、二〇〇四年に沖縄国際大学で米軍ヘリが墜落する重大事故でした。あの時、事故直後から米軍が現場を封鎖し、日本の警察は何もできないという事態が続きました。

これは公務中の事故ですから、裁判になるとしても裁判権はアメリカにあります。地位協定が改定されない限り、そこは法的にはどうにもなりません。しかし、日米地位協定をどう解釈しても、アメリカ側の管理権が及ぶのは米軍基地の中だけです。したがって、日米地位協定は、事件・事故が基地の中で起きたか、外で起きたかで、アメリカの警察権が異なることを次のように明示しています。

第一七条

10(a)　合衆国軍隊の正規に編成された部隊又は編成隊は、第二条の規定に基づき使用する施設及び区域において警察権を行なう権利を有する。合衆国軍隊の軍事警察は、それらの施設及び区域において、秩序及び安全の維持を確保するためすべての適当な措置を執ることができる。

(b)　前記の施設及び区域の外部においては、前記の軍事警察は、必ず日本国の当局との取極に従うことを条件とし、かつ、日本国の当局と連絡して使用されるものとし、その使用は、合衆国軍隊の構成員の間の規律及び秩序の維持のため必要な範囲内に限るものとする。

「合意議事録」における逆転

つまり、アメリカの警察は、基地の中ではすべての権限を持つが、基地の外では日本の警察に従うということです。アメリカの警察が何かをするとしても、日本との合意に従わなければならないし、それも規律と秩序を維持するため「必要な範囲内に限る」ということです。

それならばなぜ、日本の警察は、沖縄国際大学の事故で権限が行使できなかったのか。それは、日米地位協定については、それを解釈するための「合意議事録」というものが存在しており、その議事録によって、地位協定の考え方が逆転させられているからなのです。議事録にはこう書かれています。

日本国の当局は、通常、合衆国軍隊が使用し、かつ、その権限に基づいて警備している施設若しくは区域内にあるすべての者若しくは財産について、又は所在地のいかんを問わず合衆国軍隊の財産について、捜索、差押え又は検証を行なう権利を行使しない。ただし、合衆国軍隊の権限のある当局が、日本国の当局によるこれらの捜索、差押え又は検証に同意した場合は、この限りでない。(「日米地位協定合意議事録」第一七条10(a)及び10(b)に関し)

この冒頭に書かれていることは、日本の警察は米軍基地内では警察権を行使しないということであり、地位協定と同様の立場に立っています。ところが、それに続いて、「捜索、差押え又は検証」の権利を行使しない対象として、「所在地のいかんを問わず合衆国軍隊の財産」をあげています。基地の中か外かで捜査権を区別したのが地位協定の考え方なのに、米軍の財産(兵器等のことです)に関わる事故については、「所在地のいかんを問わず」、すなわち基地の外で事件、事故が起きても、日本は「捜索、差押え又は検証」ができないのです。

これは警察権そのものを放棄する規定ではなく、実際、日本政府も聞かれれば警察権は日本にもあると答えます。しかし、「捜索、差押え又は検証」の権利は警察権の核心ですから、それを放棄していては、警察権そのものが行使できないのと同じです。地位協定の規定なんて、実際には簡単に乗り越えられるのです。

かつては日本側も捜査に加わっていた

そうはいっても、日本国民の命と安全に関わるような重大事故が起きるわけですから、日本政府も「はい、そうですか」で済ませるのは困難です。だから、これまでは事故が起きた時、何らかの対応をしてきました。

たとえば、第一章で取り上げた横浜の米軍機墜落事件（一九七七年）のことです。その際も、確かに事件の当日は、アメリカ側が現場を封鎖し、日本の警察を締め出しましたが、批判の高まりのなかで、翌日の検証は日米合同で行われています。問題の「合意議事録」も、日本側の申し出にアメリカが同意すれば、日本側も「捜索、差押え又は検証」ができるとしているのですから、当然のことです。

沖縄国際大学と同じく大学への墜落ということでは、一九六八年六月、米軍機（ファントム）が九州大学に墜落する事件がありました。その時は、米軍が封鎖すること自体がなかったといいますか、米軍は大学構内に入りませんでした。そもそも、そんなことは問題にもならなかった。なぜなら、「大学の自治」という観点から、九州大学は米軍が大学の中に入ること自体を拒否し、それを日本政府も黙認したのです。ましてや機体の撤去作業など問題外です。当時、そういう考え方が通用していたのです。

日本政府も、にがにがしく思ったことでしょうが、アメリカを優先するという態度はとれませんでした。この結果、機体は五か月も大学に留め置かれ、一〇月になってようやく日本の機動隊四〇〇〇名が入って、反対する学生を排除しつつ、米軍基地まで持っていくことになったのです。

ところが二〇〇四年の事故では、日本側は、自分たちが「捜索、差押え又は検証」に加わることなど、考えてもいなかったのです。どう思われるでしょうか。同じ安保条約、同じ地位協定、同じ合意議事録でやっているのに、六〇年代、七〇年代と比べ、現在の日本政府のアメリカに対する「忠誠」は無条件的なものになっていると思われませんか。

保守政治家が日米安保廃棄と発言するのは普通だった

あるいは、日米安保条約そのものに対する日本政府の態度という問題を取り上げてみましょう。いま現在、国会で政府に対して、いつ安保条約をなくし、米軍を撤退させるのかを問いただすと、政府は、「そんなことは考えてもいない」と答弁します。米軍駐留が続くことに何の懸念も持っていないわけです。それ以前に、そんな質問をする議員の言葉を、何か不思議な生物を目のあたりにしたかのような感じで聞いています。

しかし、日本政府といえども、かつてはそうではなかったのです。たとえば、新安保条約を結んだ当時の岸首相は、「われわれの理想は国連において……安全保障の機構が確立することであって、……そういうものができれば、期間内といえども当然これ（安保条約）は廃止されることは当然であります」と述べています。藤山愛一郎外相にいたっては、「必ずしも国連の措置がとられなくても、その時の事情によっては廃棄することができる」とさえ発言しています。

一九六〇年当時、少なくない保守政治家は、いつかは米軍の駐留を終わらせるのだという気概を持っていたのです。あるいは少なくとも、建前であってもそう主張することが、保守政治家の矜持として不可欠だとされていたのです。

「国家としてのけじめを失っていく過程」

自民党政府の対米姿勢が、時間の経過とともにゆがみを拡大してきたことは、私が指摘しているだけではありません。長く政界を取材してきたマスコミ関係者にとっても、議論の余地のない事実として受けとめられているようです。

NHKのワシントン総局長を務めたことのある日高義樹氏は、『日本いまだ独立せず』（集英社、一九九六年）という本を書いていますが、そのなかで、戦後の日米関係を「日本が国家としての立場とけじめを徐々に失っていく過程」と捉え、その経緯を追っています、日高氏によれば、戦後の初期にはそれなりに自主的な立場をとる政治家、外務官僚がいたが、時間が経てば経つほど、そのような人物がいなくなり、アメリカ一辺倒になっていく。その原因は、今の政治家、外務官僚が、日米関係最優先を疑わない戦後政治の枠組みの中で育ったところにあるというのが、結論の一つとなっています。

日高氏のいう日米関係最優先を疑わない枠組みというのは、意識的、自覚的につくられたということが重要です。近藤誠一という、外務省で広報文化部長を務めた官僚がいます(その後、文化庁長官にもなりました)。その方が、現職の時代に本を書き、外務省の中では、日米関係に疑問を差し挟むことは許されていないことを明らかにしました。

ここで改めて考えなければならないのは、「日米友好関係は日本外交の基軸」という言葉の意味である。これは私が外務省に入った時からすでに言われており、今日まで疑問の余地のない、いわば「公理」として受け入れられてきた。このテーゼに「なぜ?」と疑問を発することはほとんど許されなかった。しいて疑問を発すると、「日米安保条約があるから当然」との答えが返ってきた(近藤誠一『米国報道にみる日本日米関係に何が起こっているか』サイマル出版会、一九九四年)

日本の外交をつかさどる外務省の中で、対米関係に疑問を持つことが許されないのです。それが半世紀にわたって続いた結果、どんどん従属度が深まっているのではないでしょうか。

経済外交までアメリカの利益を忖度してきた

この間、日本のアメリカに対する従属が深化したのは、外交や安全保障の分野にとどまりませんでした。経済分野にも及んできたのです。

一九六〇年代末の繊維交渉に始まって、日米間には「経済摩擦」と呼ばれたいろいろな軋轢が生まれました。「摩擦」と呼ばれたのは、アメリカと日本の国益が対立し、アメリカだけでなく日本もまた国益をかけて交渉に臨んだがゆえのことです。しかし、これらの交渉の結果は、重大な問題であればあるほど、アメリカ側の思惑が貫かれるかたちで決着してきたこともよく知られています。

そして現在では、TPP問題の交渉経緯を見れば分かるように、明らかに日本の国内産業を苦境に陥らせる問題があっても、何の摩擦もないかのごとく、日本はアメリカの利益を忖度して、政策を推進しているように見えます。今や「経済摩擦」という言葉が使われることはありません。死語になったようです。日本は、対立すべき問題があっても、アメリカと事を構えるようなことはしなくなったのです。

安全保障に直接関わる問題でアメリカに従うことを、私は支持できませんが、そういう論理が成り立つことを理解できないわけではありません。何といっても、最強の軍事大国アメリカを抜きにして、日本の安全保障問題を考えることは現実的に不可能ですから、そう考える人がいるのは当然なのです。

しかし、経済分野でもなぜアメリカに従うようなことになるのかは、ずっと理解不能な問題でした。安保条約には、両国が「国際経済政策におけるくい違いを除く」という条項（第二条）があり、これが原因なのだという人がいます。しかし、同じような条項はNATO条約にもありますが、ヨーロッパ諸国が経済面で圧力に屈しているわけではありません。独自の道を歩んでいるように見えます。

経済外交も決定的場面では安保の存在に左右される

十数年前、ある図書を通じて、この不思議な構造の一端が理解できたように思えました。坂本吉弘氏の『目を世界に心を祖国に』（財界研究所、二〇〇三年）を読んだ時です。坂本氏といえば、一九九〇年代末まで通産省（現・経済産業省）の官僚で、通商政策局長などを務め、たくさんの日米経済交渉に携わってきました。その坂本氏がこの本で、次のように証言していたのです。

戦後に行われた日米間の経済交渉は、その大小を問わず、交渉の最終局面における政治判断において、日米の双方が冷戦と日米同盟関係の存在を考慮に入れずに行われたことはまずありません。

日米通商協議の難しさは、軍事同盟から生ずる政治的プレッシャーに常にさらされるところにあります。その時々の政治案件と経済案件が米国のホワイトハウスと日本の官邸においてどのように絡み合い、どのように優先度がつけられるか、その軽重を判断しておかねばなりません。

そうなのです。経済交渉だからといって、経済的利益がものごとを判断する基準になるわけではない。経済交渉において何らかの判断を下す際にも、「日米同盟関係の存在」が決定的な判断の基準になるというのです。

ここから先は推測になりますが、日米経済交渉の過程において、日本が自国の利益を貫こうとすると、アメリカの側から官邸に対して、「それでいいのか」というプレッシャーがかかるのではないでしょうか。「経済交渉の担当者はこんなことを要求しているが、日本の経済的利益を優先させることによって、日米同盟に傷をつけていいのか、日米同盟が機能しなくなってもいいのか」というプレッシャーです。

坂本氏によれば、アメリカの要求は、「国（日本）の経済政策全般を米国の監視下に置こうとする」立場からのものでした。そんな要求に従っていれば、日本は、安全保障面だけでなく、経済面でもアメリカに従属することになります。しかし日本政府は、日本の経済的利益より、日米同盟を維持するほうを選択してきたということなのです。

2 積み重ねが従属を慣行にする

新安保条約のもとで、なぜこんなことになってきたのか。まさに「謎」でした。経済の問題はもちろんのこと、安全保障の分野でも日米間には食い違いがあるはずです。それなのに、なぜ日本政府は、アメリカの言い分を丸呑みにする方向に進んできたのか。日米間ではどんなやりとりがされて、そのような結果になってきたのか。そこをどうしても知りたいと思っていました。

これまで述べてきたように、日本が敗戦して占領されたこと、戦前の支配層がアメリカに忠誠を誓って復権したこと、旧安保条約下で特殊な時期を過ごしたことなどは、その一因であるとは思います。しかし、新安保条約になってから半世紀以上が経っているわけですから、それだけでは説明ができないのです。

その「謎」が解ける瞬間は、私にとっては突然訪れました。核密約問題の解明とともにやってきたのです。

「事前協議」を三つの分野で決めたけれど

核密約といえば、政府レベルでは、民主党政権の時代に解明が進みました。岡田克也外相（当時）が二〇〇九年、外務省内の調査を命じ、それにもとづいていろいろなことが判明します。

本章は、核密約それ自体を主題としてはいません。密約が明らかになる過程でオモテに出てきた諸文書から、日米関係の「謎」を解き明かそうとするものです。とはいえ、核密約はその「謎」と密接にからみ合っていますし、本書を最後まで読み進める上でも密約問題への理解は不可欠ですので、最小限のことにだけ言及しておきましょう。

核密約といわれるものには二つの種類があります。一九六〇年の新安保条約に関連するものと、七二年の沖縄返還に関連するものです。

新安保条約が締結された時、「岸・ハーター交換公文」というものが結ばれました（ハーターとは当時の米国務長官）。これは、次の三つの事項に関して、日本の領域内にある米軍が日本の意思に反して一方的な行動をとることがないよう、アメリカ政府が日本政府に事前に協議することを義務づけたものといわれます（第六条）。いわゆる「事前協議」です。

・米軍の我が国への配置における重要な変更（陸上部隊の場合は一個師団程度、空軍の場合はこれに相当するもの、海軍の場合は、一機動部隊程度の配置をいう。）。
・我が国の領域内にある米軍の装備における重要な変更（核弾頭及び中・長距離ミサイルの持込み並びにそれらの基地の建設をいう。）。
・我が国から行なわれる戦闘作戦行動（第五条に基づいて行なわれるものを除く。）のための基地としての日本国内の施設・区域の使用。

核兵器が持ち込まれるとしたら、被爆国日本の国民感情として許容できるものではありません。米軍が新たに大規模な部隊を配備したり（「配置における重要な変更」）、日本から出撃することも（「戦闘作戦行動」）、基地周辺住民が抱える苦痛を増大させるものですし、その使われ方によっては、かえって日本を戦争に巻き込むことになるかもしれません。以上のような事態で「事前協議」を義務づけたことは、少なくとも建前の上では、アメリカの独断専行を許さないものであって、新安保条約で日本が自立したことを示す「証《あかし》」のようなものでした。

ところが日本政府は、アメリカの政府や軍の元高官らから、核の持ち込みをしているとの証言が相次いでも、日本側から協議を申し出るようなことはありませんでした。そして、事前協議の申し出がないので核兵器は持ち込まれていないと確信しているなどと、ワンパターンの答弁をくり返してきたのです。そのような経過があるので、日米間に何らかの密約があることが疑われてきました。

一時的な立ち入りは事前協議の対象外とする密約

岡田外相の指示による調査の結果、「岸・ハーター交換公文」で合意した三つの事前協議に関して、「討議の記録」という非公表の文書（これが密約です）が作成されたことが明らかになりました。事前協議の制度はつくるけれども、「討議の記録」によって例外を設け、そこで明記されている場合は事前協議を不要だとしたわけです。藤山外相とマッカーサー駐日米大使が英語の頭文字（HとM）だけ署名したもので、一九六〇年一月六日付です。以下のような内容です（外務省訳）。

a　「装備における重要な変更」とは、中・長距離ミサイル及びかかる兵器の基地建設を含め、核兵器の日本への持込み（introduction）を意味するものと理解され、例えば核弾頭（nuclear components）を装備していない短距離ミサイルを含む非核兵器の持込みはこれに当たらない。

b　「戦闘作戦行動」は、日本から日本以外の地域に対して行われる戦闘作戦行動を意味する。

c　「事前協議」は、米軍とその装備の日本への配置、米軍機の立入り（entry）及び米国艦船の日本領海や港湾への立入り（entry）に関する現行の手続に影響を与えない。

d　米軍部隊の日本からの移動については事前協議の対象にならない。

このcが意味することが重大でした。「岸・ハーター交換公文」で核兵器の「持込み」（introduction）は事前協議の対象とされています（一六二頁　傍線）。普通の人は、アメリカが核兵器を積載した軍用機を日本に飛来させ、艦船を日本に寄港させる時は、まさに日本に持ち込まれるわけですから、事前協議されるものと常識的に思ったわけです。ところが、そういう一時的なものは、持込みではなく「立入り」（一六四頁　傍線）であって、事前協議の対象外だということです。つまり、事前協議の対象となるのは、核基地建設をするような場合だけということなのです。「持込み」という語感からさえ外れてしまうものであり、とんでもない密約です。

なお、核兵器は実際に使われることはありませんでしたが、日本を拠点としたbの「戦闘作戦行動」、dの「移動」については、日本の自主性が疑われるようなことが頻繁に行われます。あとで論点となってきますので、とりあえず頭の隅に置いておいてください。

アメリカへの批判世論が高まるなかで

もう一つの密約に移りましょう。沖縄は、日本に返還されるまでは、アメリカの直接統治下にありました。アメリカは、ベトナム戦争を戦っていましたから、沖縄を出撃拠点としていましたし、核兵器をも配備していました。

一九六〇年代半ばになって、沖縄県民の強い願いを背景にして、沖縄返還が政治の焦点となってきます。当時の佐藤栄作首相は、「核抜き・本土並み」返還を掲げ、国民の支持を得ることになります。

一方のアメリカは困り果てます。ベトナム戦争は泥沼化し、いつ終わるのかメドが立ちません。軍事的合理性から見れば、ベトナムに近くて、自由に使える沖縄の価値は果てしなく高いのです。しかし、アメリカ国内と同様、日本でもベトナム反戦の闘いが高揚していきます。その結果、引き続き日本に基地を置いておけるかと心配になるほど、日本国民の世論が変化してきます。

時事通信社が「好きな国／嫌いな国」の調査を始めたのは、新安保条約で世の中が騒然としていた一九六〇年六月のことでした。その最初の調査では、あの安保闘争にもかかわらず、「好きな国」としてアメリカをあげた人が何と四七・四％にも達し、調査対象九か国中で最高でした（「嫌い」は五・九％）。ところが、ベトナム戦争でアメリカが北爆を開始する六四年以降、大きな変化が訪れます。七三年の調査では、アメリカが「好き」が一六・二％にまで低下したのです（その後かなり回復しますが、イラク戦争のあった二〇〇三年からまた低下傾向が見られます）。

重大な緊急事態では核を持ち込むという密約

ただでさえ基地周辺住民との間で軋轢《あつれき》があるのに、日本国民全体から嫌われてしまっては、基地を安定的に置くことはできません。アメリカは沖縄返還を決断します。しかし同時に、ベトナム戦争のために基地をこれまでと同様、自由に使えるようにする道を模索します。

結果として選ばれたのが「密約」でした。佐藤首相の密使としてアメリカに派遣された若泉敬《けい》氏（一九三〇—九六年）が、その遺著『他策ナカリシヲ信ゼムト欲ス』（文藝春秋、二〇〇九年）で明らかにしたものです。沖縄返還後に重大な緊急事態が生じ、アメリカが核兵器を沖縄へ再び持ち込むことについて事前協議を提起する場合、日本側はこれを承認するとの内容の秘密の「合意議事録」が、佐藤・ニクソン両首脳の間で作成されたという内容でした。

民主党政権による密約解明の過程の二〇〇九年一二月下旬、その「合意議事録」が佐藤元首相の家宅に遺品として残されていたと報じられました。外務省の調査チームがその写しを入手し、若泉氏の図書に記載されている「合意議事録」と比較したところ、両首脳が署名した日付等の若干の相違はあるものの、内容はほぼ同一だったとのことです。外務省の中からは、この「合意議事録」はいまだ発見されていないようです。

日本本土と沖縄における「基地権」を比較して

さて、前置きが長くなりました。本題に入っていきましょう。

先ほど、アメリカは沖縄返還を決断したが、引き続き沖縄の基地を自由に使える道がないか模索したと書きました。アメリカはそのために真剣な検討を行います。その過程で作成された文書の一つに、「日本と琉球諸島における合衆国の基地権の比較」（以下「基地権の比較」）があります。一九六六年にアメリカの国務省と国防総省が共同して作成した長大な文書です。なおこの文書には、六〇年の核密約（藤山・マッカーサー「討議の記録」）が添付されており、外務省の調査以前に密約が明らかになったものとして有名です。

この文書は、タイトルにあるように、日本本土と沖縄における米軍の「基地権」を比較したものです。アメリカの直接支配下にある沖縄と、独立国であっていちおうは条約によって米軍駐留が許されている日本本土とでは、当然のこととして軍隊に与えられた「権利」が違うはずなので、何がどのように違うのかを明確にした上で、どうしたら返還後もできるだけ自由に使えるのかを検討しようとしたわけです。

こうした意図でつくられた文書を見ることによって、アメリカが日本の基地をどう位置づけていたのかが分かります。同時に、基地権をめぐるアメリカと日本のやりとりも詳述されているため、日本政府がウラで何をアメリカに主張し、何を約束してきたのかも分かるのです。その結果、日本とアメリカの「支配・従属」構造を生み出した論理、仕組みが見えてきたのです。

沖縄を返還しても米軍の出動に制約はない

沖縄返還をめぐって米軍が心配していたのは、米軍の基地権が沖縄も日本本土と同じということになると、ベトナム戦争の遂行をはじめ、米軍の自由が制限されないかということでした。そこには三つの問題がありました。一つは米軍が出撃する範囲が制限されないかということ、二つは基地への出入りに制約があるのかということ、そして最後は基地そのものの使用に関してはどうなのかということでした。

米軍の出動範囲ということでは、沖縄はまったく自由に使うことができ、だからこそベトナム戦争の出撃基地となっていたのです。ところが日米安保条約を見ると、米軍が基地を使う目的が「極東における国際の平和及び安全の維持に寄与する」となっていて、その「極東」とは、「大体においてフィリピン以北並びに日本及びその周辺の地域であって、韓国及び中華民国の支配下にある地域もこれに含まれる」というのが、日本政府の統一見解（一九六〇年二月二六日、衆議院日米安全保障条約等特別委員会）でした。これだとベトナムが含まれないのです。

しかし、「基地権の比較」は、「日本における米軍基地の使用にかんして、意味をなす地理的制約はない」と言いきっています。その証拠としてあげられているのは、ハーター国務長官の証言（一九六〇年六月七日、上院外交関係委員会）です。ここでハーター国務長官は、前記の日本政府統一見解において、「『極東』は、別に地理学上正確に確定されたものではない」「この区域の安全が周辺地域に起こった事情のため脅威されるような場合、米国がこれに対処するため執ることのある行動の範囲は、その攻撃又は脅威の性質いかんにかかるのであって、必ずしも前記の区域に局限されるわけではない」とされていることをあげ、米軍の行動に制約はないと述べたのです。ベトナムは極東ではないが、そこで起きたことが極東の安全にも影響を与えるという論理を立てれば、米軍の行動範囲は極東に限定しないでいいということです。

この答弁内容が、日米間の綿密な協議にもとづくものであることは、これまでの研究でも明らかにされています（坂元一哉『日米同盟の絆』有斐閣、二〇〇〇年）。アメリカは、「太平洋」や「西太平洋」という用語の使用を望んだが、日本側は国会対応もあって「極東」に固執したそうです。これに対してアメリカは、日本政府の国会答弁が日本から出動する米軍の行動範囲を制限するものであれば、新安保条約を米上院で審議する時に日本側の答弁を否定すると警告したとされます。その結果、ベトナムで起きたことで極東の安全が脅かされれば、という論理で、米軍のベトナムへの出動を可能にするこの国会答弁が生まれたというのです。

こうして、六〇年の条約締結当時から、在日米軍が極東を越えて出動することは保障されていました。岸首相は、新安保条約で日本の自主性を確保したように装いながら、実際には米軍がどこにでも出動できる保障を与えたのです。だからこそ、「基地権の比較」は、安保条約の極東条項が沖縄の米軍に適用されることになったとしても、「安保条約の地理的な制限は、重大な追加的な制約要因とはならない」と断言できたのでした。

出入りの権利も本土と沖縄では変わらない

では次に、米軍基地への出入りについてです。この分野では、「基地権の比較」は、出入国と移動の特権を規定した地位協定第五条および第三条1項と、それを補足する「合意議事録」の存在をあげて、「基本的な権利は確保されている」とします。具体的には、以下のことが指摘されています。

――入国のさいの日本側への通告は、「通常の状態においては」必要だとされているため、「米軍の安全が必要とされるような例外的な状況では、これは必要ではない」こと（「合意議事録」）。

――基地の近傍において、米軍の出入りなどのために日本政府が必要な措置をとることになっているが、米軍も必要な措置をとれると規定しているため、「日本政府の行動に依存する必要はない」こと（「地位協定」第三条1項）。

――原子力駆動艦船の寄港がたびたび問題になるが、そもそも地位協定は「駆動装置の区別なしに米艦船の日本への寄港を認めており、合衆国には原子力駆動艦船の日本寄港について協議する法的義務がないことを、日本政府は承知している」こと（第五条）。

つまり、米軍（原子力船も含め）が日本に出入国する場合も、日本国内を移動する場合も、米軍が困るような制約はないということです。さらに有事にはいっさいの制約がなくなるということです。

こうして、「基地権の比較」は、「地位協定によって（日本本土で）合衆国に与えられているアクセス、移動、管理の権限は、沖縄において米軍が享有している権利に近接している」とまで述べています。

基地の管理権も自由に行使している

三つ目、基地そのものを使用することに関わる権利です。地位協定第三条で「管理権」

と呼ばれているものです。この分野でも、「基地権の比較」は、新安保条約下において米軍が享受している特権が、米軍にとって満足なものであることが率直に述べられています。

合衆国は、琉球諸島の施設及び区域を合衆国のルールで運用することについてフリーハンドを持っているが、同時に、日本における施設及び区域の運用という点で見ても、相当な自由を享有している。

基地用地のなかでは、合衆国は、協議なしに行動する完全な権利を有している。

合衆国の運用権とその実践の手続きは、日米合同委員会で交渉された詳細な一連の了解で明確にされている。これら日本政府との間の一連の合意と取りきめは、包括的な基地権システムとして日本において十分に機能しており、沖縄においても満足なものとなるであろう。

ここで述べられているように、アメリカにとって沖縄はアメリカのルールが適用される場所なのです。フリーハンドでやっている。一方、日本本土は、アメリカのルールが適用される場所ではありません。日本のルールが適用されるのです。それなのに、米軍はその日本本土で「相当な自由を享有」し、かつ「十分に機能して」いるので、沖縄の施政権を日本に返還したとしても、引き続き「満足な」基地権を享有できるというわけです。

もちろん、この文書は、日本本土での米軍の権利が、アメリカが主権を持っている国における権利と「同じものにはなり得ない」ことは認識しています。もし同じなら、まさに「植民地」であり、そういうことはあり得ません。しかし、そうであっても、自国の主権下にある場所（沖縄）と、他国の主権下にある場所（日本本土）を比べてみて、アメリカの基地権が本質的に違うものではないということです。新安保条約下の日本はそのような状態になっているのです。

旧安保条約下の「慣行」が引き継がれた

問題は、新安保条約下の日本で、なぜそんな事態が生まれたかです。「基地権の比較」は、その点にも解答を与えています。

まず、旧安保条約下で米軍の特権に関する慣行が生まれ、それを日本も黙認したことが問題の根源となっているということです。そして、日本が米軍の特権を黙認することによって、アメリカがその特権を当然視するというサイクルが生まれ、慣行として定着していったことが、核持ち込み問題を例に指摘されています。

核兵器積載の米艦船が日本の港湾に寄港する慣行は、一九六〇年以前に確立されたものであった。合衆国の条約交渉担当者たちは、日本のトップの政府関係者たちが米艦船によってときおり核兵器が日本の領海に持ち込まれていることにうすうす気づいていながら問題の真相をつきとめようとはしないことを、強く印象づけられた。その後、ワシントンの合衆国当局者たちは、「現行の手続き」には装備にかんする慣行が含まれるものと解釈し、岸首相はこの解釈を無言のうちに受け入れているものと受けとめた。

ここで「現行の手続き」といわれているのは、明らかになった核密約＝「討議の記録」c（一六四頁）のなかで、日米両国政府間で行われるはずの「事前協議」は、核持ち込みについての「現行の手続に影響を与えない」とされていることを指しています。「討議の記録」cが意味しているのは、六〇年代以前、アメリカは何の協議もなしに核を持ち込む「手続き」をとっていたが、それを日本政府が知っているのに「真相をつきとめようとしない」ので、六〇年の安保条約交渉においてこの「現行の手続き」を「慣行」として存続させることにした（それを可能にする密約を結んで）ということなのです。

何が事前協議の対象かアメリカも模索していた

つまり、こういうことです。旧安保条約下において、米軍が日本と協議もしないまま、ある種の明示的に許可されていない行為に及ぶ、それを事実上の従属状態にある日本政府が黙認する。このくり返しにより、米軍の行為が「慣行」にまでなり、正当性を持ってきた。そしてそれは、かたちの上でのこととはいえ、独立した主権国家としての選択とみなされ、新安保条約下にも密約によって受け継がれたということなのです。前章で、かたちは独立国家だが実態は従属国家という特殊な旧安保条約の時代があったことの重大さを指摘しましたが、その意味がよく分かるのではないでしょうか。

しかも、こうしたやり方は、六〇年安保条約の際に受け継がれたというだけではありません。その後もずっと同じようなことがくり返されたのです。最初に「基地権の比較」があげるのは、六二年のラオス危機の際の対応です。

この年、ラオスの内戦が緊迫し、アメリカは日本から第七艦隊を急派します。空母と対潜水艦部隊が南シナ海で行動する一方、陸上部隊がタイのバンコクに展開したそうです。

ここで、事前協議すべき事項の一つとして、「戦闘作戦行動」というものがあったことを、先ほど閉じ込めていただいた頭の片隅から出してください。日本を防衛するために日本を出撃拠点とするなら（安保条約第五条）、何の問題もないのです。そうではなく、日本防衛と関係なく海外に出動する場合は、それがかえって日本を戦争に巻き込む危険があるので、つい二年前（一九六〇年）、これを事前協議の対象にしたわけです。

アメリカも、いちおうは両国の事前協議で合意したばかりです。密約で「米軍部隊の日本からの移動については事前協議の対象にならない」として、「移動」名目なら出撃もOKと強弁できるようになっていても、同じ密約で「日本から日本以外の地域に対して行われる戦闘作戦行動」は事前協議の対象だとされているわけであり、ラオスの事態をどう評価すべきか迷ったのです。

新安保下での最初のテストケースとして

どのように迷ったのか。

「基地権の比較」によれば、米軍は一九六二年当時、「戦闘作戦行動」は「兵站《たん》支援使用」とは区別されるものであるが、「明確でない領域が存在して」おり、「補給や情報収集を含むどの程度までの戦闘支援作戦行動を、事前協議の対象外にするつもりであったか明らかではない」とみなしていました。そして、「ボーダーライン上の問題は、発生の都度、解決されなければならないだろう」と考えていたのです。

そうなのです。何が事前協議の対象で、何が対象でないのか、「ボーダーライン上の問題」があるわけです。それは日本との間で、その都度、解決しなければならなかった。アメリカはそう認識していたのです。そして、六二年のラオス問題は、その最初のテストケースとなったのです。

ところが、そのテストケースにおいて、「日本政府との公式協議や同政府への事前通告はなかった」のです。アメリカは、ボーダーライン上の問題であると認識していたにもかかわらず、事前協議を提起せずに出動を強行したのです。

日本政府の対応には、さらに大きな問題がありました。こうしたアメリカの動きに対して、日本政府は、「内々に彼ら（日本政府）は事前に知らされるべきだったと主張した」のに、「公然とした論議」の場では、「事前協議の主題ではなかったと述べた」というのです。

「公然とした論議」というのは、国民に対する公式の説明ということです。当時の新聞を見ると日本政府は、「米側からは何らの通告も受けていない」、「（米軍の行動は）移動である」、「直接交戦国に出動しているわけではないので、日本の基地が戦闘作戦行動のために使われているとはいえない」と述べたとされています（「朝日新聞」一九六二年五月一七日付夕刊)。なお、「直接交戦国に出動しているわけではない」というのは、陸上部隊が出動した先がラオスではなく、隣のタイだということを意味しています。

つまり、こういうことです。アメリカは、このケースが事前協議の対象かどうか、「戦闘作戦行動」と「移動」のどちらなのか、「ボーダーライン上の問題」であるとして迷っていたのです。日本政府も、「内々に」とはいえ「事前に知らされるべきだったと主張した」というわけですから、事前協議の対象になり得るという自覚はあったと思われます。ところがアメリカは事前協議を提起しなかった。日本政府も、「公然とした論議」の場では、米軍の出動した先が中立国のタイであることを利用し、「直接交戦国に出動しているわけではない」として、事前協議の対象である「戦闘作戦行動」ではないという立場を貫いたのです。

事前協議は行われる可能性はあったのです。それなのに、アメリカの対応を黙って見過ごした日本政府の態度が、その可能性を摘みとってしまったというわけです。

最初の教訓をふまえ二回目も乗り切る

アメリカはこの件から、みずからにとって大切な結論を導き出しました。それは、「日本政府にとっての政治問題の重大化を避けるためには一定の対策が必要」だということでした。日本政府が大事だと考えているのは、ある問題が事前協議の対象かそうでないかではなく、国民世論をどうやったら懐柔できるか、どうしたら事前協議の対象ではないと国民を納得させられるかということなのだから、アメリカはそこに配慮しさえすればいいのだということでした。

最初のテストケースを乗り切ったアメリカは、その教訓をふまえ、二回目に臨みます。一九六四年のトンキン湾事件（アメリカの艦船がベトナムに攻撃されたので反撃したとされる事件。のちにアメリカの謀略であることが米政府文書で明らかになった）の際の在日米軍派遣です。一回目とは異なり、ボーダーラインどころか、明白な戦闘作戦行動でした。

アメリカは、日本政府に対して、「非公式かつひそかにこの行動を事前に知ら」せました。ラオス派兵で事前に知らせずに出動し、日本政府が困ったので、今回は「配慮」したのです。しかも、「世間からなるべく注目を浴びないよう」夜間に出撃し、さらに第三国の米軍基地を経由したというのです。日本から直接に敵国に出動すれば「戦闘作戦行動」ではないと言い逃れしにくいが、第三国経由だから、「出動」ではなく「移動」だと言い張れるということでしょう。

日本政府にとっても、事前協議必要なしの「論理」を考える十分な時間が生まれました。国会の場では、「単なる哨戒の任務につくために出かけた」（一九六四年八月一〇日、椎名悦三郎外相、衆議院外務委員会）などと、臆面もなく答弁したのでした。

こうして、戦闘作戦行動のために出動する時は事前協議が必要であるという取り決めは、実質的に骨抜きになりました。アメリカが事前協議抜きで出動し、日本が黙認する――このパターンが確立するのです。

七三年の空母母港化も同じパターン

「基地権の比較」に書かれたことを見て、私は、その後に日本で起きた事態の経緯をも納得することができました。「基地権の比較」には一九六六年までのことしか書かれていませんが、その後も、同じパターンがくり返されたのです。代表的なものは、七三年、横須賀が空母ミッドウェイの母港となった問題でした。

事前協議の対象として、「米軍の……配置における重要な変更」が含まれていることは、先ほど紹介しました。この重要な変更というのは、「海軍の場合は一機動部隊程度の配置をいう」とされています。空母（航空母艦）というのは一隻で行動するわけではなく、これを護衛したり支援したりする戦艦、巡洋艦、駆逐艦等で一つのまとまりなのです。それを「空母機動部隊」と呼びます。だから、横須賀が空母の母港となるとすれば、事前協議が欠かせないことは明白でした。しかし、何があっても事前協議はしないということが事実上の「慣行」になっていたからでしょうか、日本政府は世論対策を数年間にわたって重ねることになります。

六五年にエンタープライズが第七艦隊に配備され、ベトナムへも出動するようになると、日本にも寄港するようになります。これが事前協議の対象ではないかと問われた政府は、「そこを本拠としてそして行動する場合であって、出たり入ったりそこを本拠とするとき」は事前協議が必要だが、エンタープライズは『単なる寄港』をしているだけだから対象にはならないのだと突っぱねます（三木武夫外相、一九六八年三月一九日、参議院予算委員会）。

ところが六九年四月、米空母などが「出たり入ったりそこを本拠とする」事態が生まれます。北朝鮮が厚木基地所属の電子偵察機を撃墜し、乗員三一名が全員死亡する事件が発生し、米空母などが幾度となく日本に寄港し、出動をくり返すのです。

これに対して政府は、さすがにこれを「単なる寄港」だとは強弁できません。しかし、「事前協議の対象になるものは、いわゆる駐留という問題であります。……反復寄港をいたしましても、それは駐留ではない」（佐藤首相、四月二三日、参議院本会議）と、「反復寄港」という新しい概念をつくり出して、やはり事前協議をしようとはしません。

さすがに横須賀を母港だと決めるときは、「一機動部隊」を配置するということですから、誰がどう見ても事前協議をしないわけにいかないはずです。しかし、事前協議は行われませんでした。当時、レアード米国防長官がロジャーズ米国務長官宛に書簡を出していますが（一九七二年六月一七日）、レアードは事前協議がいらない理由について、「過去二〇年間、われわれの横須賀寄港や修理のための寄港が、日常不断に行われていること」をあげています。「慣行」の力で日米間の明文の取り決めをなし崩しにしたのです。

「本土の沖縄化」は現実の問題だった

「基地権の比較」に戻ります。アメリカは、沖縄を自由に使えなくなるのではないかと危惧し、対策を考えていただけではありませんでした。逆に、二七年間にわたって沖縄を支配したことによって生まれた「慣行」が、日本本土全体における米軍の基地使用の権利に好ましい影響を与えるのではないかと考えたのです。

この文書は、施政権を日本に返還し、本土並みの地位協定が沖縄駐留米軍に適用されることになっても、「沖縄においては、日本本土では確立されていないある種の慣行と結びつくことによって、より制約的な影響なしに（地位協定が）適用される」としています。同じ地位協定によって規律されるはずなのに、「慣行」の存在によって、沖縄と本土では地位協定適用の実態が異なってくるというのです。実際、返還にあたって沖縄のそれぞれの米軍基地ごとに、使用条件を規定する協定（いわゆる五・一五メモ）が結ばれましたが、キャンプ・ハンセンやキャンプ・シュワブ、北部訓練場など六つの基地については、「返還以前の期間において使用していたとおり、本施設・区域を使用する」として、米軍支配時代と同じ使用条件で使うことが定められました。

この見地は、沖縄を返還した場合の核兵器の扱い問題でも貫かれています。「基地権の比較」では、核持ち込みの「事前協議」が沖縄への核配備の「慣行」に影響を与えるかどうかについて、「(事前協議の)取り決めの言い回しは、琉球諸島にまで適用が拡大されたとしても、こうした(核)兵器の撤去とかこうした慣行の中断を自動的に命じるものにはならないだろう」としています。それは、「事前協議」が「現存の配置もしくは装備にかんしては必要とされておらず」、装備の変更の場合だけに適用されるようになっているからだというのです。現に慣行として存在する核兵器はそのままでいいのだ、という認識です。沖縄では、返還の直後まで核兵器が存在していたことが確認されていますが、アメリカは核の撤去は法的な義務ではないと判断していたのです。

より重大なことがあります。アメリカ側は、返還後の沖縄に核兵器を配置することになれば、沖縄は日本の一部なのだから、本土への核持ち込みも可能になるとまで考えていたのです。

「実際、琉球諸島の返還のおかげでいったん核兵器が日本に持ち込まれたなら、本土の基地にそうした兵器を移動させるのに協議は必要とされない、という厳密な法解釈上の主張もなりたちうる」

沖縄返還闘争のなかでは、「本土の沖縄化」という言葉がよく使われました。それは単なる反対勢力の政治スローガンではなく、現実の少なくとも一端を切り取ったものだったといえるでしょう。

時間が経つほど従属が深まる構造

国家がある行為を行い、それを他の国が黙認し、行為がくり返されて「慣行」になっていく。これは、国際政治、国際法において特殊な考え方ではありません。国際法におけるいわゆる慣習法というのは、そうやって形成されていきます。

慣習法が形成されるには二つの要件が必要とされています。一つは国家による同様の行為が反復継続されることであって、それによってその行為が一般的な性質を帯びてくるということです。アメリカが同じ行為をくり返せば、そうなっていくわけです。しかし同時に、慣習法が形成されるには、もう一つの要件が必要であって、それはその国家の行為が適法だという確信があることだとされます。その行為が不当だ、あるいは違法だということで、関連する国家が問題にすれば、慣習法は形成されません。逆に、アメリカが問題の行為をくり返しても、それを日本が問題にしなければ、アメリカの行為があたかも適法であるかのようになっていくのです。

独立してから六四年、占領の継続のような旧安保条約が終了してから五六年も経っているので、占領時代など過去のことになり、日本政府も少しはアメリカから自立できるだろう――。これが常識的な見方です。

しかし、日米関係の場合は逆なのです。アメリカが問題の行為を行ったとして、それに日本政府が楯突かない。それが反復継続する。さらに重大な行為がなされても日本政府が黙認し、次第に「慣行」が形成される。こういう場合、時間が経過したから自立するというのでなく、時間が経過すればするほど、「従属」状態が固定化し、抜けられなくなっていくわけです。それが新安保条約下の日米関係だったのです。

3 平和か戦争かの決定権がアメリカに

それにしても、まだ「謎」が解明されたとまでは言えません。対米従属という状態がこういう仕組みで生まれているのだ、アメリカと日本の間にはこういうやりとりがあったのだということは理解できても、なぜ日本がそこまでアメリカを忖度するような態度をとるのか、その思想はどこからくるのかという不思議さは、まだ残ったままでしょう。

その最後の「深層」とでも呼ぶべき問題に接近するきっかけは、これから紹介するアメリカのある解禁文書を読んだ時でした。その時、「基地権の比較」とそれこそ比較して、日本政府が従属の深みに入り込んだ「深層」がつかめたような気がしたのです。この解禁文書の立場と「基地権の比較」の立場に質的な違いのあることが、それを自覚させてくれました。

アメリカの軍事行動が日本のためにならないことがあると認識

まず「基地権の比較」ですが、これを最初に読んだ時、新鮮な感動がありました。私のような立場の人間には、自民党政治というのはそもそも対米従属なのだから、昔から一貫してそうなのだろうという思い込みがあります。しかし、「基地権の比較」によって、新安保条約を締結しようと意気込んでいた岸内閣にとっては、アメリカに従属している状態から脱却することが、きわめて真剣な課題だったと分かったのです。「事前協議」というものが、日本の平和と安全を追求したいと考える政府にとって、避けて通れない課題だと認識されていたのです。この文書には、以下のような記述があります。

（新安保）条約交渉は、一九五八年の台湾海峡の金門・馬祖事件を背景におこなわれたので、双方は、合衆国が在日基地から、または在日基地を通って、極東地域に軍隊を戦闘配置する必要が生じることを、きわめて明確に認識していた。日本側は、日本の安全が脅かされていない事態でありながら、合衆国の在日基地使用から生じる敵対行為に、日本が巻き込まれるかもしれないことに懸念を抱いていた。日本側の考えでは、金門・馬祖事件はまさにそうした事態であった。このような理由で、日本政府との事前協議なしに日本から「戦闘作戦行動」をおこなわないよう、日本政府は主張した。

金門・馬祖事件というのは、台湾が支配していた金門・馬祖に対して中国が軍事攻撃をしかけ、アメリカが日本を拠点として第七艦隊などを出撃させ、一触即発の危機を迎えた事件です。第七艦隊は日本を拠点としていましたから、中国の対応次第では、日本もまた攻撃の対象となりかねない問題でした。

当時、アメリカの対応についてイギリスが憂慮を表明し、カナダが非協力を宣言するなど批判が高まりました。ところが、出撃拠点とされた日本政府は、ただアメリカの対応を黙って見守るだけでした。ですから、日本政府は最初から卑屈だったのだと、私には見えていたのです。しかし、「基地権の比較」で分かるように、日本政府は、アメリカの軍事行動が日本に危険をもたらす可能性があることをリアルに認識していたわけです。新安保条約が「極東」を対象とすることになった重要な動機は台湾問題だったのですが、台湾問題でのアメリカの軍事行動に同意しない可能性を残すため、日本は真剣に「事前協議」を望んだのです。

「軍事行動についての判定者はアメリカ」という新しいスタンス

この認識の決定的な変化が文書のかたちをとってあらわれたのは、沖縄返還で合意することになった一九六九年の日米首脳会談（佐藤首相とニクソン大統領）でした。この会談で合意された日米共同声明は、「総理大臣は、台湾地域における平和と安全の維持も日本の安全にとってきわめて重要な要素であると述べた」ことを確認したのです。

つまり、六〇年には台湾問題は「日本の安全が脅かされていない」事態だったのが、六九年には「日本の安全にとってきわめて重要な」事態になったのです。こういう認識になれば、台湾問題で日本に大規模な米軍が配置されたり、核が持ち込まれたり、その米軍が出動したりしても、米軍は日本の安全のために行動しているのだから、事前協議など問題外だということになるのは当然です。

この日米首脳会談を準備する過程で、日本側の責任者だった外務省の東郷文彦条約局長（のちの外務事務次官）は、この変化の意味を駐日アメリカ大使に語っています。その内容を伝えた以下のアメリカの解禁文書こそ、日本政府の変質の理由を私に自覚させてくれたものです。

東郷は、日本政府の立場の主要な側面は、「事前協議」にかんする新しいスタンスであるとのべた。過去には、日本の国民世論は、「事前協議」方式を、日本が戦争に巻き込まれるのを防ぐ手段とみた。しかし、日本政府は、現にそうしているように、米国のプレゼンスは今日、極東の平和と安定のための力であると認識しているので、アメリカの手をしばることを望んでいない。東郷は、日本政府が（安保）条約の延長を願っていることには、いかなる疑問もないとのべた。そこで、日本政府はいま、事前協議にたいする態度を「正しい姿」に戻すために、最善をつくしている。日本政府は、一方的に行動する立場にないことを知っている。そこで、とられるべき軍事行動についての判定者は合衆国でなければならないし、この地域での侵略に対抗するために沖縄の米軍基地からとられるべき行動の形態について、日本政府の側と意見の食い

違いがあってはならない。（一九六九年八月二八日、マイヤー駐日アメリカ大使から国務長官宛の手紙）

アメリカの軍事行動を支持するしか選択肢がなくなって

そうなのです。六〇年安保の時の日本は、アメリカの軍事行動に異議を唱えることが、日本を戦争に巻き込まないために必要だと考えていた。だから事前協議が必要だと提起した。しかし、それは「正しい姿」ではなかった。台湾であれどこであれ、この地域の平和は日本の安全にとって重要なのであり、しかも平和のために軍事行動するかどうかを「判定」するのはアメリカであって、日本はそれと食い違う態度をとらないのだ——。これが、日本政府が確立した「新しいスタンス」だったということです。

どんなものであれアメリカの軍事行動が日本の平和にとって大事だということになれば、日本にはアメリカの軍事行動を支持するしか選択肢がなくなります。日本の平和を願えば願うほど、アメリカの軍事行動を支えることが大事だということになってしまいます。しかも、それが日本の平和にとって必要かを決めるのは、日本ではなくアメリカなのです。

この「論理」、どこかで見たことがありませんか。旧安保条約を扱った前章で、日本の軍隊をアメリカの指揮権のもとに置くという行政協定の案をアメリカ側が提示したことを紹介しましたが、そこには「日本区域において戦争または差し迫った戦争の脅威が生じたとアメリカ政府が判断したときは」とありました。ある事態が日本の「脅威」かどうかは、「アメリカ政府が判断」するというものです。さすがに旧安保条約下の日本も、そういう立場を表向きは拒否したのです。しかしそういう考え方が、新安保条約下において、いろいろな「慣行」が積み重なるもとで、復活してしまったのです。

新安保条約下で日本の対米従属が進行した「深層」にあるのは、こうした認識というか、思想だったのではないでしょうか。本書の最後の章では、この問題に焦点をあてて、戦後日本政治を振り返ってみたいと思います。

第五章　従属の深層

――独自戦略の欠落が背景に

前章の最後で、一九六九年、戦争と平和をめぐる問題について、日本がアメリカと認識を一体化させ、かつその問題での決定権がアメリカにあると公式に認めたことを明らかにしました。そのことが、新安保条約になっても対米従属が進行し、現在も進行し続けていることの「深層」にあるのではないかと指摘しました。本章は、その問題をさらに突っ込んで論じたいと思います。

1 鳩山政権の普天間問題での挫折が意味するもの

変更の中心的な理由は抑止力

防衛政策をアメリカに依存することが「対米従属」を生むことは、よく考えてみれば(というか、あまり考えなくても)、新しい知見でも何でもありません。いろいろな方が過去、何回となく指摘してきたことです。

　ただ、それがこれほどまでにすごいものだ、少しでも変えることが困難なほど日本のなかに染みついているのだと世に知らしめたのは、あの鳩山由紀夫首相（当時）の「抑止力発言」だったと思います。そうです。自民党から民主党に政権交代し、普天間基地の県外移設をやろうとしたら、いろいろな抵抗に遭って断念し、やはり県内移設だ、予定通り辺野古だと態度を変えた時の発言です。以下のようなものでした。

「日米同盟や近隣諸国との関係を考え、抑止力の観点から海外は難しいという思いになった」「米海兵隊の存在は、必ずしも抑止力として沖縄に存在する理由にならないと思っていた。学べば学ぶほど抑止力［が必要と］の思いに至った。［認識が］浅かったと言われれば、その通りかもしれない」（二〇一〇年五月四日）

　この発言は、その直後から、いろいろな批判にさらされます。それに対し鳩山氏は、抑止力を持ち出したのは「後付けの理屈」「方便」であるとか、鹿児島県の徳之島に移転しようと模索したが、海兵隊の基地は沖縄から至近距離でなければならないというアメリカの意向が書かれた外務省の文書が出てきて断念せざるを得なかったなど、本当は別の理由たのだと述べたりしました。そのため何が真相だったのか分かりにくくなっています。

　鳩山氏が県外移設を断念した直接のきっかけがその外務省文書（謀略だとも言われてい

ますが）にあることは、本人の証言でもあり、事実でしょう。しかし、なぜそのようなまがい物の文書が通用したのか、鳩山氏の決意を覆すほどの力を持ったのかを考えると、その背景に「抑止力」信仰が日本を覆い尽くしている事実があると思います。

日本の平和にとって抑止力が決定的だ→抑止力が高まるかどうかはアメリカの意向次第だ→そのアメリカが抑止力のためには海兵隊は一体となって存在することが大事だと表明している。こういう思考パターンでは、外務官僚も自民党も民主党も、そして鳩山氏も一致していたのです。だから、普天間基地が沖縄から遠くへ移転すると抑止力が低下するという文書の存在が、動揺する鳩山氏を翻意させる決定打となったわけです。

このことは、抑止力に替わる思想、戦略を持たなければ、アメリカに対して自主性を貫けないことを示唆しています。対米従属から抜け出せるかどうかも、実はそこにかかっているということです。そこで、まず抑止力そのものを検討する必要が出てきます。

抑止力はどう定義されているのか

抑止力を維持・強化すれば日本は平和になる、抑止力が低下すれば日本の平和は危うくなる。これが日本政府の主流の考え方です。そして、アメリカの意向に沿うようにすることが抑止力を維持・強化することになり、少しでも逆らうと抑止力は低下することになっています。こうして、抑止力を維持・強化するのだということが、この国の唯一・最大の防衛政策になっているように見えます。おそらく、多くの日本国民も、何となくそれを信じているのが現状でしょう。

本章では、そういう考え方が、日本ではいつ、どのように確立したのか、それがどんな意味を持っているのかを明らかにしたいのですが、その前に、抑止力とは何かということが大事です。それが分からないと、いつそういう考え方が確立したのかといっても、意味がありません。

抑止力とは何なのか。抑止力のことを学んだ鳩山政権のあと、同じ民主党の菅直人政権の時、照屋寛徳衆議院議員の質問主意書に答え、抑止力の定義が閣議決定されています。従来の日本政府の認識と同じものです。

侵略を行えば耐え難い損害を被ることを明白に認識させることにより、侵略を思いとどまらせるという機能を果たすもの。（二〇一〇年六月八日）

正確な定義だと思います。抑止力というのは、相手に「侵略を思いとどまらせる」という結果をもたらすものでなければなりません。相手が手を出してくるようなら（こちらも武力を行使することが必要となるなら）、抑止力は働かなかった、失敗したということになります。

そのためには、相手が侵略してもそれが失敗することを、その相手に「明白に認識させる」ことが必要です。これは、相手にはそれなりの理性というか、少なくとも勝敗を冷静に判断できるだけの分別があることを前提にしています。テロ集団を相手にする場合、抑止力には意味がないというのは、このことを指します。

抑止力の定義の核心は「耐え難い損害」を与えること

抑止力の定義でいちばん大事なのは、閣議決定の冒頭部分です。侵略すれば「耐え難い損害」を与えるというメッセージを相手に伝えて「明白に認識させ」れば、相手は侵略を「思いとどま」るだろうというのが、抑止力の基本的な考え方なのです。

なぜ「耐え難い損害」という言葉が使われているのでしょうか。それは、アメリカの軍事戦略としての抑止力の概念が、核兵器を使用することを意味しているからです。しかも、ただ核兵器を使用するというだけではなく、相手国を全滅させる、すなわち「耐え難い損害」を与えるような核兵器の使用を想定した考え方が、この「抑止力」だからなのです。

第二次大戦後のアメリカは、ソ連との対決へと路線を転換しますが、核兵器を保有するようになったからといって、ただちに抑止戦略をとったわけではありません。戦後すぐのトルーマン大統領のもとでのアメリカの対ソ戦略は、有名な「封じ込め」戦略でした。国務省政策企画室長のジョージ・ケナンが命名したといわれますが、ソ連のイデオロギー的な影響力をソ連・東欧に封じ込めようとするもので、もちろん軍事力の使用は想定していましたが、「耐え難い損害」を与えるというまでの考え方ではありませんでした。

抑止力、核抑止という考え方、軍事戦略は、アイゼンハワー政権の時、一九五四年に打ち出された「大量報復戦略」とともに確立しました。その名称からも明らかなように、核兵器を使用するという意味にとどまらず、相手を全滅させるような報復的な軍事態勢をとることを意味しています。その後、アメリカの軍事戦略には細かい変化があり、名称も移り変わっていきますが、最後には全滅させる態勢をとることだけは変わりませんでした。

なお、普通の感覚ですと、相手が核兵器を使って侵略する時、アメリカも核兵器を使うのだと捉えがちです。しかし、アメリカは核兵器の先制使用（first-use）といって、通常兵器による侵略であっても核兵器を使うという方針をとっています。

抑止力がどのように発動されるのか説明されたのではないか

鳩山氏の発言に戻りますが、私は、当時の普天間基地の県外移設という約束も、対等な日米関係という公約も、真面目なものだったと思います。けっして口からでまかせというものではなかった。日本国民の少なくない部分も、日米関係の大事さは否定しないけれど、せめて基地の一つくらいは何とかしてほしいという気持ちを持っていたでしょう。

ところが、政権をとってみて、約束を実現しようとしたら、抑止力を至上とする立場から大規模なキャンペーンが開始されました。外務官僚も鳩山氏の説得にあたったことでしょう。でも、抑止力が大事だといっても、通常、私たちが耳にするのは、ただただ抑止力が大事だというだけのことであって、なぜ大事なのか中身は語られません。おそらく外務省のなかで、抑止力の中身は以下のように説明されているのだと思われます。

まず、日本の領土のことを考えると、そもそも狭い上に、人口や産業が集積している場所は非常に限られていますから、核保有国が日本を攻めて屈服させようとする場合、東京都と二〇の政令指定都市に核兵器を投下するだけで十分でしょう。そこまでされて、なお抵抗するのは難しいと思います。一方、侵略してくる相手が中国だと想定すると、反撃しようとしても、領土は広いし、人口や産業も拡散していて、通常兵器で屈服させるのは無理なことは、第二次大戦で経験済みです。核兵器を使用する場合でも、屈服させようとしたら、三〇〇とか四〇〇の核兵器が必要となります。日本はそんな数の核兵器を持つことはできないのだから、やはりアメリカの核抑止力に頼るしかない——。そんな論理ではないでしょうか。

ところで、アメリカがそういう場合にどう核兵器を使用する計画を持っているかについて、おそらく日本政府は知らされていないと思われます。しかし、かつてどんな計画を持っていたかについては、秘密文書が公開されて分かっています。

太田昌克氏が克明に描いていることですが（『日米「核密約」の全貌』『盟約の闇』など）、一九六〇年代、ソ連との全面戦争を想定した作戦の場合（相手には中国も含まれます）、アメリカは三七〇〇発程度の核兵器の投下を予定していたそうです。そして、沖縄には一〇〇〇発以上の核兵器が嘉手納基地に配備されており、有事には日本本土の三沢（青森県）、横田（東京都）、板付《いたづけ》（福岡県）の三つの米軍航空基地に運ばれ、そこで組み立てて出撃する予定だったとされます。新安保条約の事前協議をめぐる密約では、航空機の一時的な日本本土「立入り（entry）」を認める文言がありますが、そういう具体的な必要性があったわけです。

鳩山政権が公開した核密約も利用されたかもしれない

それにしても、それだけでは、なぜ普天間基地の辺野古移設だ抑止力の見地で必要かは、まったく理解できません。海兵隊が核兵器を運用しているわけではないのですから。

しかし、「もしかしたら、これが利用されたのではないか」と思わせるものがあります。民主党の鳩山政権が調査し、公開した核密約の一つとして、すでに紹介しましたが、一九六九年の沖縄返還交渉の際に結ばれたものがあります。ニクソン大統領と佐藤首相の「合意議事録」というものです。そこでは次のようになっているのです。

しかしながら、日本を含む極東諸国の防衛のため米国が負っている国際的義務を効果的に遂行するために、米国政府は、極めて重大な緊急事態が生じた際、日本政府との事前協議を経て、核兵器の沖縄への再持ち込みと、沖縄を通過させる権利を必要とするであろう。……米国政府は、沖縄に現存する核兵器貯蔵地である、嘉手納、那覇、辺野古、並びにナイキ・ハーキュリーズ基地を、何時でも使用できる状態に維持しておき、極めて重大な緊急事態が生じた時には活用できるよう求める。（傍線は引用者）

「辺野古」が出てきました。当時の海兵隊は、現在も主要装備である一五五ミリ榴弾砲に核兵器を搭載して運用していましたから、その態勢を有事には再現したいということだったのでしょう。

腹黒い外務官僚なら、この文書を活用することを企んだかもしれません。有事に辺野古に核兵器を持ち込むことは日米の合意事項であり、普天間基地の辺野古移設は、空と陸を一体化させることで抑止力を向上させるのだ——。推測の範囲を出るものではありませんが、そんな説明をした可能性はあります。民主党政権による密約の公開が二〇一〇年三月、民主党政権が公約を撤回したのが五月はじめですから、時期的にはピッタリです。

そこまで凝ったものでなくても、アメリカの四軍は一体となって抑止力を構成するのだ、という程度の論理があれば、抑止力を信仰している人の説得には十分なのかもしれません。現在は海兵隊が核兵器を運用するようなことはないが、アメリカの核抑止力は、陸海空と海兵隊の四軍が一体となって成り立っているものだ、核兵器を使用する作戦が最終的に発動される場合も、初期には海兵隊で対処することもあるので、海兵隊だけ切り離して考えられない、という程度の論理を提示されると、誰もが逆らえなくなってしまうのではないでしょうか。

民主党政権には抑止力に替わる対案がなかった

しかしながら、民主党の屈服過程における思考回路を想像すると、そうなったのは理解できないでもないのです。日本は二〇発の核兵器でつぶれてしまうが、そうならないために何百発もの核兵器で反撃するアメリカに依存する必要がある、そのためには辺野古移設が不可欠だという論理が通用する世界では、鳩山氏にも民主党にも、それに替わる対案がなかったということなのです。抑止力に替わって、「いや、こういう別の防衛政策がある」として、堂々と提示できる政策を考えていなかった。

こうして民主党政権は、この年の末に決めた「防衛計画の大綱」において、「現実に核兵器が存在する間は、核抑止力を中心とする米国の拡大抑止は不可欠」だと決めてしまいます。「拡大抑止」とは、言うまでもなくアメリカの「核の傘」に入るということです。日本は、一九七六年に策定された最初の「防衛計画の大綱」から、「核兵器の脅威に対しては、米国の核抑止力に依存する」としてきたわけですが、政権交代によってもこの基本は変わらなかったというわけです。

では、最後はアメリカの核兵器に守ってもらうということと、アメリカには楯突けないということとは、どういう関係にあるのでしょうか。楯突くことが簡単でないことは分かりますが、核兵器を運用するわけでもない海兵隊の基地を一つ撤去することさえ実現できないほどの関係というのは、どうやったらできあがるのでしょうか。

私は、日本の抑止力依存政策というのは、日本特有のものだと思います。同じ抑止力という言葉が使われていても欧州諸国のそれとは別物だと言ったら言い過ぎでしょうが、かなり違ったものです。以下、そのことを論じておきます。

2　日本型核抑止力依存政策とその形成過程

鳩山一郎政権とアメリカの核抑止力

日本政府のなかで、アメリカの核抑止力に頼るという考え方は、かなり早くから生まれています。日本が自前の核兵器を持つということも含め、核抑止力の必要性を考える人が政府の主流でした。しかし、原爆の惨禍を体験した日本国民の批判を背景に、独特の抑止力依存政策が形成されることになっていきます。

吉田茂の時代は、アメリカも核抑止という考え方をまだ確立していなかったので除きます。まず、一九五四年から五六年まで首相を務めた鳩山一郎です。

五四年に大量報復戦略を打ち出したアイゼンハワー政権は、艦船に核兵器を搭載し、ソ連や中国の近海に展開させます。その一環として、日本の港湾にも出入りするようになるのです。アメリカの核が日本に持ち込まれ、貯蔵されることになる問題の可否について、政府は日本の態度をマスコミからも問われるようになり、国会でも追及されることになります。鳩山は、以下のように答弁します。

戦争の防止、平和の維持ということを目標としてこの問題は考えなくてはなりません。もしも平和の維持、戦争の防止に必要があるならば考えてもいい問題ではありませんか。

いかなる条件でも絶対に持たないということを言明するということは時期が尚早であろうと思いますから、私にはその言明はできません。（一九五五年三月二四日、衆議院本会議）

抑止力、核抑止力という言葉はまだポピュラーになっていないので使われていませんが、アメリカの核を日本に貯蔵することについて、「戦争の防止に必要があるなら」ということで肯定的な言明をしたわけです。それどころか、後段の発言のように、日本みずからが核を持つということも否定していません。

世論の批判のなかで「核の貯蔵」答弁を回避

当然のこととして、この発言は批判を浴びました。そして、続く予算委員会で修正を余儀なくされます。日本が核保有することを否定しなかった問題では、「原水爆を日本が持つというようなことは、私は想像しておりません」（一九五五年三月二六日、衆議院予算委員会）として、答弁を回避しました。

一方、アメリカの核の持ち込み、日本への貯蔵については、以下のように述べました。

船の上に持っているアメリカならば、日本に貯蔵するという必要もないのです。重光外務大臣も私も、アメリカはそういうことを日本に要求しまいということを言ったのでありますが、要求はしまいという意味は、日本に貯蔵をしなくてもやはり原水爆はアメリカが持ち得るものですから、日本に貯蔵しなくても力による平和が維持できる……とこういうように思っているのであります」（一九五五年三月二九日、参議院予算委員会）

核抑止力それ自体は全面的に肯定するわけです。同時に、米艦船が搭載しているのだから、日本の領土に貯蔵しなくても、抑止力を維持できるし、アメリカも日本に貯蔵を求めないだろうというものです。

これは、核兵器を否定する日本国民の世論には配慮するが、抑止力には依存するのだということです。その後の日本の政策につながる対応を見ることができます。

核兵器違憲発言を撤回した岸信介政権

一九五七年に首相になった岸信介は、アメリカの抑止力への依存を前に進めました。同時に、新安保条約で事前協議制度をつくったということは、アメリカによる核持ち込みに何らかの歯止めが必要だとは考えていたわけです。

密約によって艦船や航空機の一時的な「立入り（entry）」を協議の対象から除外したことは、非常に重大な問題でした。しかし、これを逆の角度から見ると、日本の領土に核兵器を常設的に配備することは協議の対象にしたということです。抜け穴だらけであっても、日本国民の世論の前で、日本の自主性を見せないとダメだという自覚はあったのです。

一方、鳩山一郎時代に核を持つことが憲法違反だとされたことについては、これを否定しました。「学問上もしくは技術上核兵器と名がつくのだということで、これがすべて憲法違反になるという解釈をすることは、憲法の解釈としては行き過ぎではないか」と述べたのです（一九五七年五月七日、参議院内閣委員会）。その後、核兵器のすべてが憲法違反であるとは言えない、専守防衛の範囲なら核兵器の保有も憲法違反ではない、ということが、日本政府の公式の立場として確立されることになります。

防衛力整備の赤城構想がつぶれた理由

岸内閣がアメリカの核抑止力への依存を強める中、防衛の現場ではいろいろな議論があり、試行錯誤があったようです。一九五九年七月に赤城宗徳防衛庁長官が防衛力整備の長期構想（赤城構想）を打ち出すのですが、当時、防衛庁の主流であった海原治などがそれをつぶすような事態も生まれました。

海原は、第三章でも登場しましたが、五二年の保安庁発足の際に保安課長となり、五四年の自衛隊の創設にともなって、防衛庁の防衛局第一課長になります。その後、アメリカ大使館勤務を経て、六〇年二月に防衛庁に戻っていたのです。その年の一二月には防衛局長となり、六五年には防衛庁官房長、六七年からは国防会議事務局長を務めます。

海原は、九八年から二〇〇〇年にかけて、政策研究大学院大学のインタビューを受け、防衛官僚としての長い経験を語っていますが（『海原治オーラルヒストリー〈上・下〉』前出）、そのなかで赤城構想をつぶした理由を語っています。

赤城構想というのは、五八年から六〇年までを期間とする防衛力整備の最初の長期計画（第一次防衛力整備計画）に続く計画として、赤城長官が公表したものです。陸上自衛隊の整備を第一義的に重視した一次防と異なり、航空自衛隊と海上自衛隊の強化などが打ち出されていました。これに海原が反対したのは、「制服組の権限が拡大する道を開くのは明らか」だったからだとされてきました（佐道明広『自衛隊史』ちくま新書、二〇一五年）。

一方、「オーラルヒストリー」で海原自身が語ったことによると、その制服組の権限とは、アメリカとともにソ連との核戦争を全面的に戦おうとするものであったことが指摘されています。たいへん大事な証言なので、長くなりますが、以下、関連箇所を引用しておきます。

核戦争をアメリカと戦う自衛隊の構想とそれへの批判

（赤城構想の）全部の物の考え方の背景にあるのは何か。「全面戦」を考えているんです。これに私は挑戦したわけです。どういうことが具体的にあるかということなんですが、「全面戦」というのは、要するにアメリカとソ連との「全面戦」ですね。一体、そんなことが考えられるんですか、ということですね。

その頃の幕僚監部の考え方をご紹介しますと、こういう言葉になっているんです。「予想される敵の上着陸侵攻に対して、核戦下と制空権下とを問わず、長期に渉り強靭なる作戦を実施、敵を阻止し、領域を確保し、国家の戦争遂行の中核となって国土の防衛をする」。これは陸上幕僚監部の文章ですが、「陸」がこう言っているわけです。

……核戦争も考えているんですよ。エッと思われるでしょう。（下巻　七六—七七頁）

同じことを源田［実］さんが長沼裁判の時の証人で言っています。……要するに日本の陸・海・空自衛隊の任務は、米ソ全面戦争の場合、アメリカを助けることだと言っているんです。具体的には航空自衛隊は、アメリカの航空機をソ連に誘導してやる、また帰りをうまく誘導する。……源田さんがそう言うと、みんながハイと言うわけですね。そこで、こういう文章になるわけです。……ここまで言わないと、なぜ「赤城構想」が成り立ったか理解されないと思うんですね。（下巻　七七頁）

［米ソ全面戦争は］私はあり得ないと思うが、仮にあったとしても、その時には何もできないということです。だから考えない。（下巻　七八頁）

そうなのです。当時、自衛隊は、ソ連との核戦争を本格的に戦おうとしていたのです。核兵器を搭載したアメリカの航空機をソ連に誘導したりするなど、具体的な作戦もあったということです。一方で、防衛庁のなかにも、そういう構想を否定的に捉え、それを具体化しようとした赤城構想をつぶした人もいたということでもあります。

なお、海原自身は、国防会議事務局長の時、自前の核を持つのではなく、アメリカの核抑止力に依存するべきだとの報告書を執筆しています。当時の防衛庁、自衛隊の中では核抑止力に依存するにしても、実際に日本が何をすべきかということについて、統一した考え方はなかったということでしょう。

池田政権下の核抑止力とそれへの躊躇

では、岸のあとを継いだ池田勇人《はやと》はどうだったか。安保闘争のあとは経済の時代だったという評価もあり、所得倍増計画のこともあり、池田と安全保障は結びつきにくいのですが、そう単純ではありませんでした。

もともと池田は、「日本の国は日本人の手でまもらなければならない」という信念を持っていたとされます。そのため、「日本も核武装しなければならん」とも言っていたそうです（伊藤昌哉『池田勇人とその時代』朝日文庫、一九八五年）。

一方、池田が首相をしていた時、いわゆるキューバ・ミサイル危機が訪れます（一九六二年一〇月）。ソ連がキューバにミサイルを配備し、撤去を求めるアメリカのケネディ政権との間で、一触即発の核戦争の危機となったわけです。核抑止の態勢をとっていたアメリカも、それに依存するという考えをとっていた日本も、その覚悟が試される事態でした。

本当に核抑止依存で行くのかどうかです。

当時、アメリカは日本に対し、アメリカを支持するよう求めてきます。首相官邸に関係者が集まり、協議をしますが、宮沢喜一経済企画庁長官（当時）や外務省の中川融条約局長らは、アメリカに縛られる必要はなく、日本は自主的に行動すべきだと述べます。この時、池田首相は、「国際条約や慣例も大切だが、いまはそれが通用しないような状況ではないか。ケネディの考え方は是認しなければなるまい」として、アメリカ支持を明確にしたとのことです（同前）。

やはり、池田をはじめ、政権主流は抑止力依存でした。しかし、この時期になってもなお、アメリカに対して自主的な立場をとるべきだという流れがあったことも注目されます。

佐藤首相も当初は核の傘を否定

そもそもこの時期までは、アメリカの抑止力に依存するということは、政権主流の考え方ではあっても、日本の政策として公式に確立され、打ち出されたものではありませんでした。その象徴的なできごとが、池田のあとを継いだ佐藤栄作内閣のもとで起こります。

佐藤自身は、池田と同様、本音では日本自身が核武装する可能性についても検討していたようです。一方、国民の前では、その本音が言えないどころか、アメリカの核の傘に入っていることも明言できないでいました。一九六五年、国会で「他国の核のかさのもとに入って、……そうして中国のこの脅威に対処する、こういうお考えではないのですね」と質問されたのに対して、以下のように答えています。

私はあらゆる国とも仲よくするということをほんとうに耳にたこになるほど申しあげております。……しかして、わが国の安全を確保する意味において私どもが日米安保条約を結んでおる、これも御承知のとおりであります。ただいま申し上げるように、ある国のかさの下で云々という、そういうものではない。（一九六五年一一月二六日、参議院日韓条約特別委員会）

驚くべきことです。実際にはアメリカの核抑止力に依存し、核の傘に入っておきながら、国民の前ではそれを否定するわけですから。

そういう状況ですので、官僚のなかにも、核の傘を否定するものがあらわれます。それが六六年の下田発言として表面化しました。

下田外務次官による核の傘を否定する発言

一九六六年二月二日、ソ連のコスイギン首相は、核不拡散防止（NPT）条約交渉のなかで、ある大胆な提案を行いました。核兵器を製造せず、保有せず、持ち込ませずという立場（何だかその後に日本でできる非核三原則のようです）を守る国に対しては、核保有国は核攻撃を行わない義務を負うという条項を、NPT条約のなかに入れようというものでした。

ソ連の意図は、アメリカがソ連周辺の同盟国に核兵器を配備し、事あらばただちに核兵器を投下する態勢をとっている状況をふまえ、何とかアメリカと同盟国の間にくさびを打ち込みたいというものだったのでしょう。しかしこの提案は、アメリカの核抑止力に依存するということと、核持ち込みの実態を隠すということとの間で呻吟してきた日本政府の一部にとって、きわめて魅力的だったと思われます。その提案から二週間後の一七日、下田武三外務次官が会見し、次のように発言したのです（「朝日新聞」一九六六年二月一八日）。

日本など非核保有国は、まず大国に核軍縮の履行をせまるべきであって、「他国の核のカサの中にはいりたい」などといったり、大国にあわれみをこうて安全保障をはかるなどということは考えるべきではない、と私は考えている。現在の日本は米国と安全保障条約を結んでいるが、日本はまだ米国の核のカサの中にはいってはいない。

この下田次官とか、池田政権時のキューバ危機で自主的に行動すべきだと発言した中川条約局長とか、当時の外務省には、それなりに骨のある人がいたのです。今の外務省からすると隔世の感があります。

下田発言を否定、公式に核の傘下にあることを認定

しかし、この下田発言は、アメリカの意向とも、日本政府の主流の考え方とも異なっていましたし、何よりもソ連を利すると考えられたため、激しい批判を浴びます。まず国会で議論され、椎名外相が政府の以下の公式見解を出すことになります。

現在の国際情勢のもとにおいて、米国の持っている核報復力が全面戦争の発生を抑止するきわめて大きな要素をなしているのであるから、日本もこのような一般的な意味における核のかさのもとにあることを否定することはできないと考える。しかし、日本が核のかさに入るということが、日本を核兵器基地にしたり、あるいは北大西洋条約機構内部で論議されているような多角的核戦力のごときものがアジアに設けられた場合に、これに日本が参加するという意味であるならば、現在そのような計画は存

在していないし、また、今後も日本はそのような計画に参加する考えはない（一九六八年二月一九日、衆議院予算委員会）

さらに外務省は四月一六日、「日米安保条約の問題点について」と題する文書を公表します（以下「外務省文書」）。これは、「わが国としては核攻撃の脅威に対しては米国の核抑止力に依存せざるを得ない」とした上で、その方向性にいろいろな角度から理論づけたものです。そしてこれがその後、現在まで続く日本政府の公式見解の基礎となったのです。

核の傘に入るが日本は核基地にはならない

こうして核抑止に対する日本の考え方が公式に定まります。それはきわめて日本的な特徴を帯びたものでした。

一つは、アメリカの核抑止力に依存するが、そのアメリカの核兵器は日本に持ち込まれることはなく、「日本を核兵器基地にしたり」することはないし（椎名見解）、「核兵器は日本を基地とするものではな」い（「外務省文書」）とされたことです。

これだけでは足りないと思われたのでしょう。佐藤首相は翌年、非核三原則を打ち出します。「核は保有しない、核は製造もしない、核を持ち込ませないというこの核に対する三原則、平和憲法のもと、この核に対する三原則のもとにおいて日本の安全はどうしたらいいのか、これが私に課せられた責任」だとするのです（一九六七年一二月一一日、衆議院予算委員会）。

核抑止力に依存するということは、日本の防衛のためには、核兵器を使うことが不可欠だという立場です。いざという時は、アメリカに核兵器を投下してもらい、相手国に「耐え難い損害」を与えるという立場です。しかし、日本の領土、領海、領空に核兵器はないのだから、日本が核兵器の発射基地になることはない。だから、核を投下された人々が悲惨な目に遭っても、日本人は責任を感じないでいいということなのかまでは分かりませんが、とにかく日本が核基地でないことで安心してくれということです。

欧州諸国はアメリカの核兵器が持ち込まれている事実を認めています。核兵器が自国の防衛のために必要だという立場ですから、それが自然なのです。抑止力に依存しながら核基地にならないというのは、非常に日本的な特徴だと言えるでしょう。

核の傘に入るが、核戦略には参画しない

それと同じような性質を持つことですが、日本がアメリカの核兵器の運用に関わらないことも、「椎名見解」と「外務省文書」で明確にされました。「外務省文書」は、アメリカ

の核抑止力に依存することと、「日本が核戦略に参画するという事とは自《おのずか》ら別箇の問題である」として、以下のように述べます。

これらの核抑止力をいかに配備管理するかについて、日本がこれに参画し、または協議に加わることを、米国から求められたことはないし、また日本が米国に対しこのような意味での核戦略に対する参画ないし協議を求めたこともない。

先ほどと同じようなことのくり返しになりますが、日本の安全のために核兵器をアメリカに投下してもらうけれど、投下された国でどんな惨劇が起きても、日本は投下する決定に関与していないのだから、責任はないということです。そういう安全保障観を日本は六〇年代末に確立したのです。

この日本的な特徴を理解するために、「椎名見解」で紹介されているNATOの多角的核戦力の問題を紹介しておきましょう。これは、アイゼンハワー政権からケネディ政権にかけて浮上したもので、核兵器を搭載した艦船をアメリカだけではなく、NATO諸国全体で運用しようというものでした。

欧州諸国が核抑止力を受け入れたのは、それが自国の安全にとって大事だと考えたからです。しかし、その核兵器が、アメリカの艦船にのみ搭載され、アメリカだけが運用するというのでは、それが使われるに際して、欧州が関与できないわけです。自国の安全にとって必要なのに、判断に関与できないというのでは、本当に自国の安全のために使われるのか分からないではないか。多角的核戦力構想が生まれるには、このような背景がありました。

この構想は、いろいろな事情で頓挫することになります。しかし、その後NATOでは、核兵器の運用に加盟国が関わるいろいろな仕組みがつくられることになります（後述）。

日本を守るために決定的に重要なのに日本は関与しないという矛盾

日本型核抑止力依存政策が確立してから、もう半世紀が経っています。私はこれこそが、日本の対米従属の深層にあるものだと思います。アメリカから何か言われれば、あるいは何を言われなくてもアメリカの意向を忖度し、付き従ってしまうのは、ここに根本の原因があると考えます。

だって、そうでしょう。いざという時には、アメリカに核兵器を投下してもらわねばならない、日本の平和と安全のためにそれが決定的に重要であると信じているわけです。しかし、それをいつ、どのように投下するのかには、日本はまったく関わらない。関わらないことを国是として、すべてアメリカに任せる。実際に核兵器を投下する局面がきたとしても、それが日本の平和にとって大事かどうかの判断も、日本はしない（できない）。平和にとって大事だと信じきる。そういう態度をとりながら、自主的に政策を決められるなんて、どう見てもあり得ないことです。

さらに、前章末で紹介した東郷発言にあるように、日本は一九六九年、事前協議に対するスタンスを変更し、それまで日本の平和と直接関係がないとみなしていたことでも、今後は日本の平和に関わる事態だと思うことにしたのです。しかも、それを決めるのはアメリカだということにした。核兵器が使われるのも、本当は日本の平和と関係のない事態でのことかもしれないけれど、アメリカが決めれば日本の平和のためだと思うことにしたわけです。

対米従属を生み出す構造はここにあった

結局、この問題がキーポイントだと思います。従属の根底にあるものはこれなのです。本書でこれまで論じてきたことを整理すると、以下のようになるでしょう。

最初に述べたように、従属には原点というものがあります。ドイツと異なり、アメリカに対して反抗できない人々が、日本では政界の主流にならざるを得なかった原点です。

敗戦にともなう占領が終わっても、事実上、占領の継続が続くという特有の問題もありました。それを独立国として選択したかのようなかたちをとったので、独立国なのに従属的な態度をとるということが前例として残ったのは、その後にとって否定的な影響を与えました。

新安保条約下では、過去の前例を楯にして、アメリカのやることを何でも支持する、悪いことも見逃すということが行われました。そして、その新しい前例が、その次の前例を生み出すという悪循環に陥ります。時間が経ったから自主性が回復されるということはなく、その時間の経過のなかで前例がくり返されるので、時間が経てば経つほど従属度が深まっていったのです。

しかし、そういう前例があったとしても、本当に腹をくくって克服しようと思えば、何とかなったはずなのです。それなのに、なぜ腹をくくれなかったかといえば、いちばん大事な問題でアメリカ任せだったからです。

日本政府は一九六〇年代末、アメリカの核の傘に入ることによって、日本の平和を究極的に担保するのは、非常時にはアメリカに核兵器を使用してもらうことだと覚悟を決めたのです。日本の平和を担保するのは日本の決断ではなく、アメリカの気持ち一つだということになると、アメリカがちゃんと日本のことを大事に考えてくれるよう、すり寄るしかなくなってしまう。たとえ核兵器の使用であれ、その判断に日本が加わるというなら、その決断が日本のために必要かどうかを自分の頭で考えることができるのに、アメリカ任せになっているので、本当に日本のために使ってくれるか不安になり、ただただアメリカに従属するしかなくなってくるのです。

「核抑止力依存」に替わる政策が提起されてこなかった

そういう日本の政策は、日本国民の強い反核世論を背景にして選択されたものです。というよりも、日本に核兵器が持ち込まれることが明らかになったり、日本が核兵器の使用に関わることが表沙汰になると、自民党政権に対する国民の支持が弱まるので、日本とアメリカの政府がいっしょになってつくり出したものです。自民党政権が倒れるくらいなら、NATOと異なり不便はあるけれど、こんな程度にとどめておこうということだったのでしょう。日本型核抑止力依存政策は、保守政権の永続化と一体のものだったわけです。

しかし、日本の国民も、うすうすはそういう事情があることを分かりながら、その政策をとる自民党政権をずっと支持し続けてきました。その点で、日本の対米従属が継続しているのには、責任の性質は自民党とは異なりますが、国民の責任もないわけではありません。

大事なことは、日本型核抑止力依存政策が対米従属を生み出すのなら、別の防衛政策がなければそこからは抜け出せないということです。それなのにこれまで、核抑止力に替わる防衛政策の対案が提示されてきませんでした。ソ連や中国が核兵器を投下してきた時にはこうする、という答えが、防衛政策の分野では、核抑止力以外には出てこなかったということです。

保守層から出てこなかったのは理解できます。先ほど述べたように、核抑止力依存政策が、保守政権の維持にとって好都合だったのです。けれども同時に、革新派、護憲派からも対案は出てきませんでした。というよりも、外交で何とかなるとして、防衛政策を持たないことを誇りにしてきたのが護憲派です。

それでもかつての社会党の非武装中立政策は、一時期、それなりの支持を得ていました。米ソが対峙し、全面核戦争を戦うという想定のもとでは、戦場になった場所はどこも「耐え難い損害」を被るのであって、多少の武力を保有していてもムダになるし、それならアメリカともソ連とも距離をおいて中立で行こうというのは、それなりのポジションを占める考え方だったと思います。しかし、いっさいの武器を持たないというのは、国民多数の支持を得られるほど、信頼性のある政策だとはみなされませんでした。

この状態を打開しなければ、いつまで経っても対米従属は続きます。「戦後七〇年以上経ってなぜ対米従属か」という本書の結論はここにあります。それならば、対米従属から抜け出すために、日本型核抑止力依存政策に替わる新しい政策が待ち望まれます。

3　対米従属から抜け出す防衛政策への道

本書は、対米従属の構造的な原因をあぶり出すことを目的にしており、核抑止力に替わる防衛政策を提示するためのものではありません。そうした仕事は、柳澤協二元内閣官房副長官補を代表とする「自衛隊を活かす会」（正式名称＝自衛隊を活かす：21世紀の憲法と防衛を考える会）などが進めており、ホームページ（http://kenpou-jieitai.jp）で「提言」などが見られますし、著作（『新・自衛隊論』講談社新書、『南スーダン、南シナ海、北朝鮮——新安保法制発動の焦点』かもがわ出版）も刊行されています。本書では、核抑止力という問題に限定して、対案を考えるための素材を提示しておきたいと思います。

NATOの「核計画グループ」を参考にして

まずは、抑止力に依存するという枠内でも、日本の自主性を確保するやり方が考えられます。すぐに考えつくことは、NATO並みになるということでしょう。核抑止力が日本の生存にとって決定的に大事だと考えるなら、その核兵器の運用に日本も積極的に関与するということです。

NATOでは、アメリカの核抑止力に依存することを早くから明確にし、戦術核兵器の配備を受け入れてきましたが、その運用をアメリカ任せにすることは最初から想定されておらず、NATOとしてどう関与するかが模索されてきました。核兵器の運用に日本は関与しないことが日本の政策となった同じ一九六六年の一二月、NATOは、現在にも続く関与の仕組みをつくります。

それが「核計画グループ（NPG：Nuclear Planning Group）」というものです。これは、NATO内で核政策の調整をはかる戦略協議をするための機関です。独自の核戦略を持つフランスを除く二七か国が年に二回集まり、関連する分野で協議を進めています。

NATO諸国の中では現在、五か国に二〇〇発程度の戦術核が配備されていると言われます。ベルギー、ドイツ、イタリア、オランダです。そうやって地上配備されているのだから日本とは対応が異なって当然という考え方もあるでしょうが、核兵器が自国の生存にとって不可欠だと考える点では日本もNATOと変わりありません。NATOのように、せめ戦術核の投下に日本の自衛隊が関わるかどうかまで議論することは無理でしょうが、せめて戦略協議を実現することは必要でしょう。

核兵器の先制使用政策は見直さなければならない

こうした戦略協議が実現するとなれば、相手国が核兵器を使わない段階でもこちらは使うという核兵器の先制使用（first-use）問題については、徹底的に議論する必要があります。日本は、アメリカに対し、少なくともアジアにおける先制使用はやめるべきだと提言するべきでしょう。

オバマ政権当時のアメリカは、一時期、この方向を模索しました。「核態勢の見直し」（二〇一〇年四月）では、核の先制使用を見直すことを将来の課題としましたし、政権の最後の時期にも追求したようです。この課題は空想的なものではなく、いつ何時、現実になってもおかしくないのです。

ところが、日本政府はそれに反対し、変化は生まれませんでした。抑止力は強大であればあるほどいいという信仰は、安倍内閣ではさらに強まっているようです。しかし、相手が核兵器を使用せずともこちらは使うという考え方は、対中国の防衛政策はどうあるべきかという見地からも、根本的に見直さなければなりません。

そもそもアメリカが核兵器の先制使用という方針をとってきたのは、この方針を適用する対象として、冷戦中のソ連を想定していたからです。膨大な数を誇ったソ連の地上軍が、東欧諸国の軍隊とともにドイツに迫ってくる時、欧州諸国の地上軍では太刀打ちできないと考えられたので、ソ連が核兵器を使用しない段階でもＮＡＴＯとしては核兵器を使うことにしたのです。

この点は、日本をめぐる状況と大きく異なります。中国や北朝鮮の核兵器を脅威だと位置づける場合でも、中国や北朝鮮が日本を一気に占領できるだけの地上軍を日本海を越えて投入するというシナリオは、非現実的なものです。相手が核兵器を使わない段階では、日本防衛のためには通常戦力を使うというのが現実的だし、日本国民の多数もそれを支持するのではないでしょうか。

もちろん、この構想を進める上では、中国に対しても同じ対応を求める必要があります。ＮＰＴ条約を改正し、非核国への核使用を禁じるという選択肢もあり得ると思います。

冷戦時代とは戦うべき相手が違う

さらに進んで、抑止力という考え方それ自体にも、転換をもたらすことが求められます。抑止力という言葉を使う場合も、その中身を抜本的に変えていくことが大事です。今、従来型の防衛戦略をそのまま継承するのが適切なのかが、根底から問われているからです。

すでに述べたことですが、核抑止という軍事戦略は、核兵器がこの世にあらわれた時から存在したものではありません。戦後の世界で、ソ連がベルリン封鎖を強行し、西側諸国を軍事力で制圧する姿勢をあらわにするなかで誕生したものです。しかもソ連は、世界中に共産主義を広げるという考え方を持っており、実際にそれに呼応する勢力も各国に存在していました。そのため西側諸国は、共産主義を政治的、経済的、イデオロギー的に共存できないものと考え、政治、経済、文化の各方面で良好な関係をつくることをしませんでした。そうした状況に対応して、軍事的抑止の態勢ができたのです。共存できない相手、崩壊してほしい相手だから、軍事的に相手を壊滅させる態勢をとったのです。

一方、私たちが生きている今の時代において、日本も含めた世界にとって、安全保障上の最大の問題とされているのはテロ問題です。相手を上回る軍事力で威嚇すれば攻撃されることがないというのが抑止力の前提であり、それはソ連に対しては有効だったのかもしれませんが、テロに対してはこうした抑止が効かないことは、すでに常識だと言えます。

オバマ政権が成立当初、核兵器のない世界を構想したのも、同じ考え方からでした。キッシンジャーその他、アメリカの核抑止戦略を推進してきた人たちも、テロには抑止は有効でないという考え方から、核兵器の廃絶を提唱しました。

ところが、その方向はいつの間にか頓挫し、テロに武力で立ち向かう従来型の戦略が追求されています。そして、テロリストに抑止戦略が通用しない現実を、いま私たちは日々、体験しているのです。

もし私たちに多少の学習能力が残っているとするなら、世界の変化、戦うべき相手の変化を冷静に見つめ、「抑止力を強化していれば安心」という信仰から、できるだけ早く抜け出さなければなりません。テロに反対する私たちの側が、住民の命を助け、暮らしを向上させているという現実を見せていく――これだけがテロリストを孤立させ、対テロ戦争に勝利する道です。日本がやるべきことは明白でしょう。

中国はやっかいな相手だから「専守防衛」で対応する

中国の横暴に対しては、やはり抑止力が有効だという見方があります。安倍政権は、アメリカの抑止力に頼るとともに、オーストラリアやインドなども巻き込んで、国際的な包囲網による抑止力をつくろうとしているようです。

実際のところ、日本がアジアで直面している中国は、確かにやっかいな相手です。国際法を無視して海外で拡張主義的な活動を進めています。人権や人々の自由など政治面でもかつてのソ連と同様、相容れないことがほとんどです。一方、経済面、イデオロギー面では、共産主義なのか新自由主義なのか、よく理解できないところがあります。

ただ、かつてのソ連がそれなりに世界の支持を得ていたのに比べて、中国のような政治体制の国をめざしたいと思っている人は、どの国でも皆無と言っていいでしょう。中国の影響が世界に広がるなど、あり得ないことなのです。

さらに大事なことは、経済の結びつきをとってみれば、中国は壊滅させていい相手ではなくなったということです。ともに繁栄しなければならない関係になっているということです。それならば、相手を壊滅させる抑止力というようなものではない、別のアプローチもあり得るでしょう。

安全保障の世界では、相手を壊滅させる従来型の戦略を「報復的抑止」と呼び、相手の侵略を阻止するだけの力を持てばいいという「拒否的抑止」と呼びます。抑止力という言葉を使うかどうかは別にして、後者ならば、日本の「専守防衛」とも接近してきます。

中国には、この「専守防衛」、あるいは拒否的抑止の考え方で対処すべきではないでしょうか。中国が攻めてくるようなことがあったら、外交努力で打開できない場合は自衛権を行使し、中国が日本を占領したりすることは許さない規模の反撃を行うということです。別の言い方をすれば、中国が日本を壊滅させるようなやり方をとるのでない限り、日本もまた（アメリカもですが）中国を壊滅させるような戦略はとらないということです。

「専守防衛」の立場で対応するとは、中国が攻めてこない限り日米も攻撃しないし、中国を壊滅もさせないという明確な立場に立つことですから、外交的な交渉を重視することと両立します。中国に挑発の口実を与えず、手を出してくるようなことがあっても、それには反撃しつつ（自衛権なのだから当然です）、中国を国際的に孤立させることができます。

通常兵器による拒否的抑止を基本戦略に

専守防衛の範囲なら、アメリカが核兵器を使用することを認めるのか。これは難しい問題です。

日本政府はこれまで、専守防衛の枠内なら日本が核兵器を保有することも合憲だという立場をとってきています。それは専守防衛にふさわしい核兵器の使用も理論的にはあり得るということです。この立場が事実ならば、政府はアメリカに対して、専守防衛の範囲内での核抑止戦略の確立を求めるべきでしょう。

しかし、軍事目標だけを破壊する核兵器は開発されていません。文民をも無差別に殺傷するのが核兵器の特質ですから、現実問題として、核兵器と専守防衛は矛盾します。ただの理論にとどまるものを、実際に目の前で展開する防衛政策に取り入れることは無責任になります。ですから、専守防衛とは、通常兵器による拒否的抑止だということになるでしょう。

それでも、相手が最後は核兵器を使ったらどうするのだ、という懸念は簡単には消えないと思います。しかし、よく考えてほしいのです。抑止力は、すでに述べたことですが、相手にはこちらの意図を察して、紛争をエスカレートさせない理性があることを前提としています。自分が滅びるわけにはいかないと冷静に判断し、攻めてこないだろうということです。壊滅させてもいい相手なのに、アメリカは（日本も）相手には理性があるという認識を持っているのです。そして抑止力が効く相手というのは、テロ集団と異なって、話し合いが可能な相手でもあるのです。

ましてや、いま問題になっているのは、経済的にお互いがお互いを必要とする関係になっている相手です。交易するくらいなのだから、核戦争を戦うべきではないと判断できる理性くらい、お互いが持っているのではないでしょうか。

北朝鮮の問題をどう捉え、どう対応するかは難しい問題です。制裁を強化しても、逆に外交交渉に力を入れても、北朝鮮が核兵器を手放すことはほとんどあり得ない。理性があるとも考えにくい。どう動くか分からない核保有国が近隣にあることを前提にして対応することが求められます。

しかし、北朝鮮が核開発を続けるのは、アメリカに向けた核ミサイルを一発でも保有することが自国の生き残りに不可欠だからであって、日本を標的にしたものではありません

（在日米軍基地は標的になり得るとしても）。中国を屈服させるのに何百発もの核兵器が必要だという立場であっても、北朝鮮を崩壊させるのに核兵器が必要だと考える軍事専門家もいません。

この点では、北朝鮮に対する対応も、ミサイル基地を叩くことも含め、通常戦力による拒否的抑止の範囲内で十分なのです。その範囲で、アメリカに先制核使用戦略を放棄させるなど、在日米軍基地が核ミサイルの標的にならないための努力をすべきでしょう。

他国防衛は想定していない国際司法裁判所の勧告

国際司法裁判所は一九九六年、核兵器の使用は一般的に違法であると結論づけつつ、国家の存亡がかかるような自衛にとって極端な事態での核使用については判断できないと勧告しました。確かに、こうした事態においても核兵器を使用しないのかというのは、留保すべき問題を含むと思います。しかし、そういう場合の核使用というのは、相手を壊滅させる抑止力とは質的に異なるものであって、日本が通常戦力による拒否的抑止を基本戦略にすることと矛盾しないように見えます。

しかし大事なのは、自衛にとって極端な事態という国際司法裁判所の想定は、あくまで自国の存亡がかかった事態であるということです。この場合はアメリカの存亡です。ということは、他国を防衛するための核使用、つまり日本に対する「核の傘」の提供など、裁判所の想定外なのです。

この裁判所の判断には現実的な根拠があります。実際に中国に対して核兵器を使用する場面を考えてみても、アメリカはどこからも攻撃されていなかったのに、日本を助けることによって、わざわざ自国に核攻撃を招くことになるのです。アメリカの存亡がかかるというような、国際司法裁判所が想定する事態ではありません。ましてや人一人住んでもいない尖閣の防衛をめぐる日中の争いのために、アメリカが核兵器を使用するなど、裁判所にとって論外でしょう。そのような場合に核兵器を使用したら、国際司法裁判所は「違法」と判断するでしょう。アメリカ大統領が訴追される可能性も出てきます。

あり得ないことに頼って自国の防衛政策を立てるほど信頼性のないものはありません。やはり通常兵器による拒否的抑止を基本に防衛政策を立案すべきなのです。

アメリカを変えられるのは日本が独自の哲学を持つ時だけ

問題は、相手の侵略に対して通常兵器でのみ対処するということは、日本だけで決められる問題ではないことです。日米同盟があり、アメリカは核先制使用の方針を持っているわけですから、そのアメリカの政策を変更させなければ、意味がないのです。

これが簡単でないことは非常にはっきりしています。何といっても、アメリカは戦後の一時期を除き、ずっと核抑止力を信奉してやってきたのです。その結果をどう見るかは人によって評価が分かれるでしょうが、核戦争が起こらなかったのは抑止力のおかげだという確信もアメリカにはあるでしょう。つまり、日本が通常兵器で対処するという方針を確立することは、信じてきた戦略をアメリカに放棄せよと求めるに等しいのです。

しかし、一つ推測できることがあります。もし日本がアメリカに戦略の転換を合意させることができるとしたら、日本がまったく独自の哲学を持った戦略を提示し、堂々と議論する時だけだということです。アメリカの戦略の枠内であれこれの修正をさせることは、意味がないとまでは言いませんが、日本が対米従属から抜け出すことにはつながらない。

思い出してください。日米地位協定の裁判権規定を論じた際（第三章）に述べたことですが、日本としての考え方を提示せず、ただNATO並みにしてくれとお願いする態度をとった結果、文面はNATOと同じなのに運用面で大きな違いが出るという事態が生まれました。核兵器の運用問題でNATO並みにという程度の求めをしているのでは、同じことがくり返されるだけではないでしょうか。

その時、ようやく日本は独立国家になる

ここは、アメリカが確立した抑止戦略に替わる、新しい戦略を提起するというくらいの意気込みが必要だと思います。「専守防衛」を日本独自のものとするだけでなく、世界が採用すべき戦略として、アメリカにも中国にも、そして世界中にも提示していくような気概が求められます。

専守防衛は、これまでは看板と実態がかけ離れていました。日本は専守防衛に徹すると言いながら、その日本の防衛のためには相手を壊滅させるだけのアメリカの核兵器が必要だというのでは、言葉の真の意味での専守防衛とは言えません。専守防衛にしても、国際法上の自衛権にしても、相手の攻撃に相当する程度の反撃しかできないことになっているのに、抑止力では相手を壊滅させるのですから、日本の政策の実態は専守防衛ではなかったのです。

言葉の本来の意味での専守防衛は、冷戦後の世界にふさわしい戦略だと思います。相手を壊滅させるのではなく、相手と共存することが求められる世界には、専守防衛という考え方が不可欠です。相手が手を出さない限り、こちらも武力を行使しないことをお互いが明確にすることによって、外交で問題を解決しようという動機も強くなっていくことでしょう。

そして、日本がこういう独自の防衛戦略を持ち、それをアメリカにも提示し、世界をリードできるようになれるなら、その時こそ、日本は従属から脱することができるのだと思います。立派な独立国家になれると思います。その先には、日米安保条約の存在自体が不要になる時代が、待っていることでしょう。

あとがき

現在の人々に何ができるか

戦後七〇年以上経ってもなぜ対米従属が続くのか。この問題を歴史的な角度から論じてきました。

対米従属が続く理由は、本書で明らかにしてきたように、いろいろあります。ただ、そこから抜け出す上で現在の人々に何ができるのかが、この問題での結論でなければなりません。

戦後、アメリカが日本を占領し、日本を言いなりになる国にするため、戦犯勢力とも結託して支配したこと。その後も旧安保条約のもとで、かたちの上では独立しているのに事実上の従属状態が継続したこと。その体制を打破するとしてつくられた新安保条約下においても、それ以前の状態がくり返され、それが慣習にまでなっていったこと。これらは日本の現在を理解するために大事なことです。

しかし、いま指摘したことは、もはや取り戻すことのできない過去に属することです。対米従属の原因としてそれらを指摘することはできても、過去のできごとをなかったことにはできません。本書が最後の結論として、日本型核抑止力政策の形成が従属の根底にあることを指摘したのは、その転換が現在生きている人々によって可能だからです。過去のしがらみがあまりにも強いため、防衛政策の転換を成し遂げるには想像を絶する努力が必要とされるでしょうが、不可能ではないと思うからです。

では、防衛政策の転換はどうやったら実現するのか。その道筋は容易ではありません。現在の自民党は、抑止力に対してみじんの疑念も持っていないと思われ、政策転換を期待することはできないでしょう。

民進党――失敗を真剣に総括し、対案に挑むべき

民進党はどうでしょうか。対等の日米関係を掲げ、普天間基地の県外移設を約束して政権についたのが前身である民主党でしたが、結局、抑止力の呪縛から抜け出せず、国民を裏切ることになりました。ところが、現在の民進党の政策は、引き続き「抑止力の維持」を明記しています。

おそらく民進党のなかでは、抑止力というものの定義すらできていないと思います。民主党の菅政権時代に定義をしていても、それを知っている人は少数でしょうし、ましてや議論がされているとは思えません。ただ抑止力への信仰だけが存在しているのでしょう。そして、普天間問題での大失敗の責任は鳩山氏一人に押しつけ、政権から引きずり落とされた原因を議論することもせずにいるわけです。

しかし、政権についた直後、自民党政権が何十年も隠し続けてきた核密約を公開するなど、抑止力の中心問題の一つで新しい試みを行った実績はあります。新安保法制反対の世論が高まったなかで、自民党と同じ防衛政策ではいけないという自覚は、さらに高まっているようにも見えます。

民進党に政権獲得への意欲がまだ存在するなら、普天間問題の責任を人ごとのように捉えるのでなく、みずからの問題として徹底的に議論すべきです。民進党の政策では、「抑止力の維持」を明記したあと、「普天間基地については固定化を招くことなく、沖縄県民の思いに寄り添いつつ、合意可能な基地移設の包括的解決をめざして、日米が沖縄と対話を重ねることとします」とされています。

かつて、「抑止力の維持」を大原則としていたから、民主党は沖縄の声を裏切ることになったのです。それなのに現在も、「沖縄県民の思いに寄り添う」とか「(沖縄も)合意可能な……解決」と主張しつつ、「抑止力の維持」は変えないでいる。この矛盾を乗り越えない限り、民進党が再び国民の信頼を得て政権を奪還することはできないし、奪還したところで同じことのくり返しになるでしょう。

普天間基地問題も解決するし、日本国民の不安にも応えられる防衛政策はどんなものか。過去の責任を徹底的に糾明した上で、民進党にはそこに挑んでほしいと思います。

共産党——自衛隊の活用を基本政策とすべきだ

日本共産党はどうでしょうか。共産党にはかつての社会党による「非武装中立」政策を批判し、自衛権の発動を明確にした「中立自衛」政策を掲げていた時代があります。抑止力については徹底的に批判しつつ、国民の命を守るためには、憲法九条を変えるようなことがあっても、独自の防衛政策が必要だと考えていたのです。

一九九〇年代半ば、憲法九条を将来にわたって堅持するという態度変更を行った際、防衛政策についても「警察力での対応が基本」ということになってしまいます。しかし、それでは侵略された際に国民の命への責任が果たせないとして、二〇〇〇年、この問題では三つの段階を経るのだという政策を打ち出しました。

第一段階は、自衛隊と日米安保の存在を前提として、軍拡や海外派兵には反対する段階です。第二段階は、日米安保条約は解消し（自衛隊は存続）、日本周辺の平和と安定をつくり出すことに注力する段階です。そして第三段階が、平和と安定が確固としたものになったとして、自衛隊の解消に踏み出す段階です。そして、この過渡的な期間に日本が侵略されることがあったら、自衛隊を活用して反撃するとしたのです。逆にいえば、侵略の不安を国民が抱えている間は、第三段階には移行しないということです。

この考え方は、共産党の大会で決まったものですが、その後、長く注目されることはありませんでした。しかし、新安保法制反対の世論が高まり、共産党が野党に「国民連合政府」での共闘を呼びかけるなかで復活し、この政府は自衛隊と日米安保の存在を前提にしたものであるとされたのです。二〇一七年一月、この考え方が党大会という最高決定機関で確認され、野党連合政権をめざすことになります。

ということは、第一段階というかなりの長期間、侵略には自衛隊と日米安保で対処するという点で、共産党は民進党などと政策が一致しているということです。ところが一方で、第一段階の考え方を基本政策だと位置づけていないため、民進党とは基本政策が一致していないという態度をとっており、それが野党間の違いを国民に印象づけ、自民党などからの「野合」批判に口実を与えているように見えます。ここをどう乗り越えるのかは、共産党の課題でしょう。

国民自身の覚悟が問われている

　野党共闘が何らかの化学変化を起こす時、何らかの前向きな政策が生まれるかもしれない。それが私が現在抱いている印象です。

　大失敗の原因をいまだ総括していないが、国民には寄り添わなければならないともがいている民進党。自衛隊の位置づけを明確にできないが、国民の命には責任を負わないといけないと考えている共産党。この二党が、他の野党とともに、抑止力に替わる防衛政策をどうするのかを徹底的に議論する時、その先に、国民にとって魅力のある防衛政策が生まれるのかもしれません。

　そして、新しい防衛政策を持って政権獲得の選挙に臨み、抑止力を漫然と掲げる自民党に対峙する時、国民にとっては戦後一度も存在することがなかった防衛政策での選択肢が与えられるのです。自民党がそこで政権維持が不安になるほどに追い詰められれば、自民党の中にも抑止力一本でいいのかという戸惑いも出てきて、新しい防衛政策への探究が勢いを増すことでしょう。

　ただし、この問題でもっとも大事なことは、政党任せでは解決しないということです。日本型核抑止力依存政策が長きにわたって堅持されてきたのは、国民の中にそれに頼る気持ちがあったからです。アメリカの核兵器に守られれば安心だという気持ちと、だが被爆国の国民として核兵器に日本は関与していないことにしておきたいという気持ちと、さらにアメリカに依存することによる負の側面は沖縄に押しつけておいて見ないことにしたいという気持ちと、それらの絶妙なバランスの上に成り立っていたのが、日本型核抑止力依存政策です。

そこを国民自身が徹底的に反省し、見つめ直し、新たな防衛政策に勇気を持って踏み出すのでなければ、この転換は起こりません。「国益第一」でふるまうトランプ大統領の出現は、日本でもアメリカでも、本音で防衛問題を議論し、確立するためのきっかけになるかもしれないし、そうしなければなりません。その転換のために本書が少しでも役立つなら、筆者として望外の幸せです。

二〇一六年一二月八日

松竹伸幸

戦後日米政軍関係略年表

西暦（元号）	月日	事項
一九四五年（昭和二〇）	七月二六日	連合国が日本に降伏を求めるポツダム宣言
	八月三〇日	マッカーサーが連合国軍最高司令官として日本に到着
	九月　二日	東京湾の米戦艦ミズーリ号上で日本が降伏文書に調印
一九四六年（昭和二一）	五月二二日	公職追放された鳩山一郎に替わり、吉田茂が首相になる
一九四七年（昭和二二）	五月　三日	日本国憲法が施行
一九四八年（昭和二三）	三月一七日	西欧諸国の集団的自衛機構としてブリュッセル条約機構が結成
	六月二四日	ソ連が西ベルリンへの陸路を完全封鎖
一九四九年（昭和二四）	四月　四日	北大西洋条約機構（NATO）が発足
	八月二九日	ソ連が初の核実験に成功
	一〇月　一日	中華人民共和国が建国
一九五〇年（昭和二五）	一月一一日	アチソン米国務長官が日本を「共産主義の主要な防壁」にすると発言
	一一月二四日	アメリカが対日講話七原則を公表
一九五二年（昭和二七）	四月二八日	サンフランシスコ条約が発効して日本が独立、旧日米安保条約も発効

一九五四年(昭和二九)	一月一二日	ダレス米国務長官が核兵器による大量報復を基本戦略にすると宣言
	七月　一日	自衛隊が発足
一九五五年(昭和三〇)	五月　五日	西ドイツがNATOに加盟
	五月一四日	ソ連がNATOに対抗し、東欧諸国とワルシャワ条約機構を発足
一九五七年(昭和三二)	六月一四日	第一次防衛力整備計画(五八―六〇年まで)の閣議決定
	二月二五日	岸信介が総理大臣に就任。五月二八日、鳩山の核保有違憲発言を撤回
一九五九年(昭和三四)	三月三〇日	砂川裁判で東京地裁が米軍駐留に違憲判決(のちに最高裁が破棄)
一九六〇年(昭和三五)	一月　六日	藤山外相とマッカーサー米駐日大使が核密約「討議の記録」に署名
	一月一九日	現行安保条約の締結、「岸・ハーター交換公文」も交わされる
一九六二年(昭和三七)	一〇月二四日	ソ連がキューバに配備したミサイルをめぐりアメリカが海上封鎖を開始
一九六三年(昭和三八)	八月一四日	米英ソが調印した部分的核実験停止条約に日本が署名
一九六四年(昭和三九)	一一月一二日	アメリカの原子力潜水艦(シードラゴン)が日本に初寄港
一九六六年(昭和四一)	二月一七日	下田外務政務次官が日本は核の傘に入っていないと発言
	四月一六日	外務省が「日米安保条約の問題点について」で抑止力依存を明確化
一九六七年(昭和四二)	一二月一一日	佐藤首相が「持たず、作らず、持ち込ませず」の非核三原則を表明
一九六八年(昭和四三)	一月一九日	アメリカの原子力空母(エンタープライズ)が日本に初寄港
	六月　二日	米軍のファントムジェット機が九州大学に墜落

一九六九年(昭和四四)	一一月二一日	佐藤・ニクソン首脳会談で沖縄返還を合意、有事の核持ち込みの密約も
一九七〇年(昭和四五)	六月二三日	日米安保条約が自動継続
一九七二年(昭和四七)	五月一五日	沖縄の施政権返還が実現
一九七三年(昭和四八)	一〇月　五日	空母ミッドウェイが横須賀を拠点とし、母港化の開始
一九七六年(昭和五一)	二月二七日	三木首相が武器輸出三原則の適用範囲を拡大し、事実上の全面禁止
	一〇月二九日	「防衛計画の大綱」をはじめて決定、「基盤的防衛力」を打ち出す
一九七七年(昭和五二)	九月二七日	米軍のファントムジェット機が横浜の市街地に墜落
一九七八年(昭和五三)	一一月二七日	「日米防衛協力のための指針」(いわゆるガイドライン)を日米が合意
一九八〇年(昭和五五)	二月二六日	海上自衛隊が環太平洋合同演習(リムパック)に初参加
一九八一年(昭和五六)	一〇月　一日	陸上自衛隊が初の日米共同訓練
	五月　八日	日米首脳会談で「日米両国間の同盟関係」を確認する共同声明
一九八二年(昭和五七)	二月一五日	陸上自衛隊が初の日米共同指揮所訓練
一九八三年(昭和五八)	一月一四日	武器輸出三原則の例外として対米武器技術供与を決定
	一二月一二日	航空自衛隊が初の日米共同指揮所訓練
一九八四年(昭和五九)	六月一一日	海上自衛隊が初の日米共同指揮所訓練
一九八六年(昭和六一)	二月二四日	初の日米陸海空共同統合演習(指揮所演習)
	一〇月二七日	初の日米陸海空共同統合演習(実働演習)
一九八八年(昭和六三)	五月二九日	米ソ首脳が欧州配備の戦域ミサイルの全面撤去で合意

一九八九年(平成元)	一二月二日	米ソ首脳がマルタ島で会談し、冷戦終了を宣言
一九九一年(平成三)	四月二四日	湾岸戦争後のペルシャ湾へ海上自衛隊の掃海艇派遣を閣議決定
	七月 一日	ワルシャワ条約機構が正式に解散
一九九二年(平成四)	九月一七日	カンボジアPKOに参加する自衛隊の最初の部隊が日本を出発
一九九五年(平成七)	一一月二八日	一九七六年以来二〇年ぶりとなる「防衛計画の大綱」を閣議決定
一九九六年(平成八)	四月一七日	日米首脳が会談し「日米安全保障共同宣言」を発表
一九九七年(平成九)	九月二三日	二回目の「日米防衛協力のための指針」(ガイドライン)発表
一九九八年(平成一〇)	一一月一四日	国際緊急援助隊法にもとづき自衛隊がホンジュラスに災害派遣
一九九九年(平成一一)	五月二八日	周辺事態法が公布
二〇〇〇年(平成一二)	一〇月一一日	アメリカのアーミテージらが集団的自衛権の行使を求める報告を発表
二〇〇一年(平成一三)	九月一一日	アメリカで同時多発テロ
	一一月 二日	海上自衛隊のインド洋派遣を可能にするテロ特別措置法が公布
二〇〇三年(平成一五)	七月二六日	自衛隊のイラク派遣を定めたイラク特措法が成立
二〇〇四年(平成一六)	八年一三日	沖縄国際大学に米軍ヘリコプターが墜落
	一二月一〇日	九年ぶりに「防衛計画の大綱」が発表される
二〇〇五年(平成一七)	一〇月二九日	日米安保協議委で「日米同盟:未来のための変革と再編」を合意
二〇〇七年(平成一九)	九月 一日	日米豪が初の三国訓練(海上自衛隊、米海軍、豪空軍)
二〇〇八年(平成二〇)	六月二四日	海上自衛隊の艦艇が初の中国訪問
二〇〇九年(平成二一)	一月二八日	ソマリア沖の海賊対策のため自衛隊の派遣命令を発出
	九月一六日	普天間基地の県外移設を公約した民主党・鳩山由紀夫政権が発足

二〇一〇年（平成二二）	三月　九日	民主党政権が核密約問題について調査結果を公表
	一二月一七日	民主党政権で初の「防衛計画の大綱」を発表、核抑止力依存を明記
二〇一一年（平成二三）	一月二〇日	日中が安全保障対話（第一二回）
	一二月二〇日	南スーダンに自衛隊の施設部隊を派遣することを閣議決定
二〇一二年（平成二四）	一二月二六日	自民党の総選挙での勝利をふまえ、第二次安倍晋三内閣が発足
二〇一三年（平成二五）	二月二三日	日米首脳会談を受け安倍首相が日米同盟の「完全復活」を宣言
二〇一四年（平成二六）	四月　一日	武器輸出三原則を廃止し、替わりに防衛装備移転三原則を閣議決定
	七月　一日	集団的自衛権の一部を容認する閣議決定
二〇一五年（平成二七）	四月二七日	三回目の「日米防衛協力のための指針」（ガイドライン）で合意
	九月一九日	集団的自衛権の行使を盛り込んだ新安保法制が成立
二〇一六年（平成二八）	一一月　九日	日本の核武装を容認すると発言したトランプ氏が米大統領選挙で勝利
	一一月一五日	南スーダン自衛隊に駆けつけ警護任務を付与する閣議決定

主な参考文献（刊行順。一九八九年以降に出版され、本文で言及・引用したものを除く）

神谷不二『戦後史の中の日米関係』（新潮社、一九八九年）
石井修『冷戦と日米関係――パートナーシップの形成』（ジャパンタイムズ、一九八九年）
東郷文彦『日米外交三十年――安保・沖縄とその後』（中公文庫、一九八九年）
新原昭治編訳『米政府安保外交秘密文書 資料・解説』（新日本出版社、一九九〇年）
河野康子『沖縄返還をめぐる政治と外交――日米関係史の文脈』（東京大学出版会、一九九四年）
高坂正堯編著『日米・戦後史のドラマ――エピソードで読む好敵手《ライバル》の深層』（ＰＨＰ研究所、一九九五年）
五十嵐武士『戦後日米関係の形成――講和・安保と冷戦後の視点に立って』（講談社学術文庫、一九九五年）
マイケル・シャラー『マッカーサーの時代』（恒文社、一九九六年）
川上高司『米国の対日政策――覇権システムと日米関係』（同文舘出版、一九九六年）
豊下楢彦『安保条約の成立――吉田外交と天皇外交』（岩波新書、一九九六年）
明田川融『日米行政協定の政治史――日米地位協定研究序説』（法政大学出版局、一九九九年）
豊下楢彦編『安保条約の論理――その生成と展開』（柏書房、一九九九年）
我部政明『沖縄返還とは何だったのか――日米戦後交渉史の中で』（ＮＨＫブックス、二〇〇〇年）
吉田文彦『証言・核抑止の世紀――科学と政治はこう動いた』（朝日選書、二〇〇〇年）
西川吉光『日本政治外交史論（上・下）――敗戦〜吉田ドクトリン神話の形成』（晃洋書房、二〇〇一・

二〇〇二年）
中馬清福『密約外交』（文春新書、二〇〇二年）
マイケル・シャラー『「日米関係」とは何だったのか――占領期から冷戦終結後まで』（草思社、二〇〇四年）
土山實男『安全保障の国際政治学――焦りと傲り』（有斐閣、二〇〇四年）
五百旗頭真『日米戦争と戦後日本』（講談社学術文庫、二〇〇五年）
黒崎輝『核兵器と日米関係――アメリカの核不拡散外交と日本の選択 1960–1976』（有志舎、二〇〇六年）
高坂正堯『宰相 吉田茂』（中公クラシックス、二〇〇六年）
豊田祐基子『「共犯」の同盟史――日米密約と自民党政権』（岩波書店、二〇〇九年）
藤原書店編集部 編『「日米安保」とは何か』（藤原書店、二〇一〇年）
波多野澄雄『歴史としての日米安保条約――機密外交記録が明かす「密約」の虚実』（岩波書店、二〇一〇年）
不破哲三『日米核密約――歴史と真実』（新日本出版社、二〇一〇年）
新原昭治『日米「密約」外交と人民のたたかい――米解禁文書から見る安保体制の裏側』（新日本出版社、二〇一一年）
吉次公介『日米同盟はいかに作られたか――「安保体制」の転換点 1951–1964』（講談社選書メチエ、二〇一一年）
末浪靖司『9条「解釈改憲」から密約まで 対米従属の正体――米公文書館からの報告』（高文研、二〇一二年）

前泊博盛・明田川融・石山永一郎・矢部宏治『本当は憲法より大切な「日米地位協定入門」』（創元社、二〇一三年）
孫崎享・木村朗 編『終わらない〈占領〉——対米自立と日米安保見直しを提言する！』（法律文化社、二〇一三年）
豊田祐基子『日米安保と事前協議制度——「対等性」の維持装置』（吉川弘文館、二〇一五年）
末浪靖司『機密解禁文書にみる日米同盟——アメリカ国立公文書館からの報告』（高文研、二〇一五年）
春名幹男『仮面の日米同盟——米外交機密文書が明かす真実』（文春新書、二〇一五年）
鳩山友紀夫・白井聡・木村朗『誰がこの国を動かしているのか——一握りの人による、一握りの人のための政治を変える』（詩想社新書、二〇一六年）
内田樹・白井聡『属国民主主義論——この支配からいつ卒業できるのか』（東洋経済新報社、二〇一六年）
河野康子・渡邊昭夫『安全保障政策と戦後日本 1972〜1994——記憶と記録の中の日米安保』（千倉書房、二〇一六年）

＊なお、これ以前に刊行された膨大な文献があるが、そのなかで、吉岡吉典『日米安保体制論——その歴史と現段階』（新日本出版社、一九七八年）には多くの示唆を得ていることをあげておきたい。

【著者】
松竹伸幸（まつたけ のぶゆき）
1955年生まれ。ジャーナリスト・編集者、日本平和学会会員、「自衛隊を活かす会」（代表・柳澤協二）事務局長。専門は外交・安全保障。主な著書に『これならわかる日本の領土紛争』『靖国問題と日本のアジア外交』（ともに大月書店）、『慰安婦問題をこれで終わらせる。』（小学館）、『9条が世界を変える』『「日本会議」史観の乗り越え方』（ともに、かもがわ出版）、『反戦の世界史』『「基地国家・日本」の形成と展開』（ともに新日本出版社）、『憲法九条の軍事戦略』『集団的自衛権の深層』（ともに平凡社新書）などがある。

平凡社新書835

対米従属の謎
どうしたら自立できるか

発行日――2017年1月13日　初版第1刷

著者――松竹伸幸
発行者――西田裕一
発行所――株式会社平凡社
東京都千代田区神田神保町3-29　〒101-0051
電話　東京（03）3230-6580［編集］
東京（03）3230-6573［営業］
振替　00180-0-29639
印刷・製本―図書印刷株式会社
装幀――菊地信義

ISBN978-4-582-85835-8
NDC分類番号319.1053　新書判（17.2cm）　総ページ256
平凡社ホームページ　http://www.heibonsha.co.jp/